黒川伊保子
Ihoko Kurokawa

女と男はすれ違う!

共感重視の「女性脳」×評価したがる「男性脳」

ポプラ新書
197

はじめに　～女性脳の活かし方

　この本は、女性のために書いた、女性脳を最大限に活かすためのトリセツである。

　しかし、男性が読めば、女性脳のありようがつぶさにわかる本になっている。「妻のトリセツ」を裏からのぞきみる解説本とでも言ったらいいかしら。

　女であれ、男であれ、女性脳を知っておくのは、人生の大きなアドバンテージ。人生に一度は、ぜひご一読ください。


　産業社会は、男性脳型である。

　大量の製品を均一の質で、迅速にコストパフォーマンスよく市場に提供するのに、男性脳は長けた構造をしているからだ。

平均的な男性脳は、とっさにゴール指向問題解決型の回路を優先する。感情を極力排除し、潔く目標にロックオンして、ゴール達成に集中する脳の使い方である。情より、理と義で動く、というわけだ。当然、女性も意識すれば、この使い方ができる。デフォルトが別なだけ。そりゃそうだろう、男性脳と同じ回路を使うわけにはいかない。人生の戦略が違うのだもの。

男性脳の多くが、ゴール指向問題解決型回路を優先させるように初期設定されているのは、長らく狩りをしながら、進化してきたからだ。獲物を決めたら、足元のバラやいちごに気を取られているわけにはいかない。目の前の人の感情に寄り添っているわけにはいかない。

だから、気が利かないのである。トイレに立つときは、トイレしか見えない。目の前の空のコップを、ついでにキッチンにもって行けばいいことに気づかない。お風呂に立つときに、さっき脱いだシャツを、ついでに脱衣場に持っていけばいいことに気づかない。あれは、やる気がないのではなく、そもそも、感知していないわけ。

私たち女性が、そんな「ついで」を重ねに重ねて、日々の生活を回しているのに気づきもしないから、家事の正当な評価もできず、妻や母に感謝もできない。妻がくたくたになっているのに、われ関せず、のうのうと生きているように見えるので、妻たちは、無関心、思いやりの欠如、ひいては人間性の欠如に感じて、絶望してしまうのだ。

この脳の愚直な使い方が、職場では功を奏することになる。自分の感情や、目の前の事象に影響を受けないから、何の疑問も持たずにルールを順守できる。私たちの女性脳にしてみたら、「このルール、どうなの?」と思うことも疑わない。1万人がキレイに足並みを揃えられるのだ。「遠くの目標」や「全体」のために、個人の事情に目をつぶれる。企業タスク向けの幸せな脳である。

しかしそれでは、なかなか革命は起こせない。なので、ときに直感が働く「異質の天才」が現れて、閉塞した世の中を一気に動かすことになる。

たとえば、スティーブ・ジョブズ。世のコンピュータが、醜い工業製品だった時代に、「僕の書斎に入れるなら、こんな醜い鉄の箱は嫌だ。美しい文房具としてのコンピュータを作ってみせる」と宣言して、伝説の一体型コンピュータを作ったという。彼の美意識では、当時のコンピュータ（無骨な配線でつなげられた鉄の箱たちのユニット）は、どうしてもゆるせなかったのである。

こういう「ゆるせない」「嫌」から始まる直感は、新しい世界観を作りだすための大事なキーファクターなのである。

その「ゆるせない」を作りだす「嫌なものは嫌」力が、女性脳では、男性脳より圧倒的に強い。言ってみれば、すべての女性に、スティーブ・ジョブズなみの直感力が備わっているのだ。

一般に、男たちは直感的な確信がないから、理論武装し、ルールを守る。

スティーブ・ジョブズは、直感力が強く、最初から確信があるから、理論武装する必要もなければ、ルールを守る意味もない。実際、彼は、電子工学も学ばず、ルールも守らず、世界を変えた。
この「スティーブ・ジョブズ」を「女」に置き換えてみればいい。
あるいは、あなた自身の名に。

女は、最初から、「19世紀以降の産業世界」の枠組みに収まらない天才脳の持ち主なのである。

「男も女も違わない」だなんて優しく言われて、油断している場合じゃない。自らおとなしく、産業構造の枠に収まっているなんて、もったいなさすぎる。叩かれたり、揶揄《やゆ》されたり、笑われたってかまわないじゃない。そもそも、尺度が違うのだもの。幸せになる方法論が違うのだ。女には、女の正しさがあり、女の充足の仕方がある。

産業社会になんか与《くみ》しない、という選択肢ももちろんある。手に職をつけ、個人の才覚で生きる道だ。専業主婦も、その一つ。けれど、最初から産業社会に背を向けてしまうのはもったいないかもしれない。女の正しさで生き、女の充足を手に入れながら、産業社会でも生き延びる。21世紀の女性たちには、その選択肢があるのだから。

男性脳型の産業社会に迎合せず、かといって、それに背を向けないしなやかな生き方――女の人生は、男のそれより、ちょっとだけ深くて複雑だ。けれど、だからこそ、いっそうの輝きに満ちているのかもしれない。

覚えておいてほしい。産業社会は男性脳型。だから、私たち女性は、アウェイで闘っていく美しい戦士なのである。しかも天才型の。

どんな女性も、まずは、そう覚悟を決めたほうがいい。

産業社会に素でなじめないからこそ、私たち女性には、処世術が必要だ。男たちにわかりやすい表現力を身に付けなければならない。「わかってもらえない」なんてぐずぐず言っている暇はない。「わかりやすい女」になればいいだけ。

子どもを産む時期も、子どもと仕事（人生）との距離感も、自分で毅然《きぜん》と決めることだ。その決断が遅れると、やがて妊娠力が落ちて、喪失感に苦しむことなる。子どもを持たない人生もまた潔くて美しいが、「いつか」を先送りしてきて機会を逸すると、脳は喪失感を乗り越えられない。

女の人生は、女が決める。

持つものも、持たないものも。


この本では、30年以上女性脳を見つめ続けてきた研究成果として、女性たちのために女性脳を語ろうと思う。

女性脳を存分に使い尽くして、輝いてほしいから。


1986年に施行された男女雇用機会均等法は、女性を「男性脳の土俵」に引っ張り上げた。

アウェイでの闘いを、そうとは知らずに強いられた私たちは、男性脳のルールに従って、自らを評価する癖がついてしまった。しかし、ここはアウェイだ。

いくら頑張っても、私たちは、本当には幸せになれない。

私たちは、今もう一度、女性脳の世界観を取り戻さなくてはならない。

そうして、この土俵をクールに眺めて、利用するだけ利用する。それはそれとして、別次元で、ちゃっかり幸せになる。


この本の最後のページを読む頃には、あなたは、もう輝き始めているはずだ。

なにせ、あなたの脳が、あなた自身がどうすればいいのかを知っている。

そのことに気づくためのしばしの旅に、どうぞ、お付き合いください。


なお、この本は、働く女性たちに向けたトーンで書くけれど、私は、専業主婦も「働く女性」の範疇に入れている。

専業主婦が、職業婦人じゃないなんて、誰に言えるのだろう。家一軒を円滑に回すマネジメント能力はたいていのビジネスセンスを凌駕する。私は、母たちのそれに今でも脱帽している。

その上、働く女性が礼賛されがちな今、家族を支えるためにあえて家庭に入る女性たちの覚悟は、働き続ける女性たちより凛々しいかもしれない。
だから、この本は、家庭に入った女性たちにも読んでほしい。
そして、活躍してほしい大切な女性がいる男性にも、ぜひ。

女と男はすれ違う！／目次

第1章 まずは、脳の性差を知ろう

男と女の脳は違う。

男と女の脳は違わない。

——実は、どちらも正しい。


男女は、同じ機能を搭載した脳で生まれてくる。ともに完全体である。

ただし、「とっさに使う回路」の初期設定が違うのである。哺乳類の雌雄は、生殖の戦略がまったく違う。このため、オスはオスとして、メスはメスとして子孫を残しやすいように、あらかじめ、「とっさの脳の使い方」の初期設定がなされている。


男と女の脳は違う。

その違いをロマンティックに表現すれば、「女性脳は、最初から答えを知っている賢者」であり、「男性脳は、永遠に答えを探し続ける冒険者」なのである。

まずは、その違いからひも解いていこう。

男なんて、ウルトラマンにすぎない

男たちにうんざりしたとき、私はよく、「ウルトラマンの妻になったら、どんな気分なんだろう」と考える。

何万光年も彼方の星の人々を救いに、いのちがけで出かけてしまうのである、この夫は。妻にしてみたら、意味がわからない。

男性脳的には、もちろん理由がある。正義と使命感で男性脳は回っているからね。女性脳が、愛や共感で回っているように。

「宇宙の果て」が射程範囲の彼の目には、目の前の風景はあまり映っていないだろうから、気配りは期待できやしない。使ったコップは置きっぱなし、シャツも脱ぎっぱなし。ウルトラマンは、その脳の使い方から、絶対に「ぱなし」男である。そうでなければ、宇宙の果てまで行って、戦いに勝って帰ってなんてこられないもの。妻のこともよく見えていないので、「その髪型、いいね。似合うよ」とか「あっ、僕の好きな、ナスのカレー♪」とか「シーツ洗ってくれたんだね、ありがとう」なんて、愛しいセリフも言えるわけがない。

正義感に溢れ、公平で、自己憐憫《れんびん》がまったくない彼は、身内にも依怙贔屓《えこひいき》しない。妻が、「仕事先の店長に、こんなこと言われて、すごく傷ついたんだよ」と甘えても、「店長の言うことにも一理あるよ。きみもこうすればよかったんだ」なんて正論を振りかざしてくる。妻から見れば、「思いやりがないひと」である。命がけで、遠い惑星の生物を救っているのにねぇ。

家に帰って妻に自分の活躍を語って聞かせることもないし、愚痴も言わないだろうから、妻としては、夫の仕事を実感でつかめない。夫の人生に参加している実感がまるでない。「帰りに牛乳買ってきて」とか「明後日の保育園のお迎えをよろしく」とも頼みにくい。

あーほんと、ヒーローの妻なんて、絶対いやだ。

でもね、それって、どこの家庭にもいる男たちの姿じゃないだろうか。優秀な男性脳は、多かれ少なかれ、ウルトラマンと一緒。家族との時間よりも、使命遂行のための時間を優先する。実直で、いのちがけで、愛なんかこれっぽっちも語れない、妻にしてみれば、うんと腹が立つ存在なのである。

けれど、そうでなかったら、ウルトラマンは無事に帰ってこられない。狩りに出た男たちも同じだ。職場に出た男たちも一緒なのである。世界を相手にビジネススキームを組み立てるときも、「目の前の愛しき小さきもの」に心を寄せていては危ない。経営に参加してみると、ビジネスが戦場なのが実感できる。

ということは、職場の上司や同僚の男性脳も一緒。彼らにうんざりしたときは、「ウルトラマンの妻」になったことを想像してみよう。そして、あの鈍感さは、英雄に備わった資質であることを思い出そう。しかも、悪気は一切ないことを。

ウルトラマンに女の気持ちがわかるとも思えない。ということは、女が気づくことに気づけない。女が得意としていることが、からっきしできない。だからこそ、ぎりぎりまで頑張る彼は、傍にいてくれる女性を、きっととても必要としている。女心がわからない男だからこそ、傍にいてくれる女性の存在が不可欠であるという逆説が、ここにある。

　ということは、いい女にとっては、チャンスなのでは？　男らしいエリート男子（狩りが上手い、戦略力がある、経営センスが高い、運転が上手い、大工仕事ができて機械に強い）は、女心をつかめない。それを知らない、「男の日ごろの思いやり」こそ愛の証だと信じているお嬢ちゃんには、手に負えない。経験を重ねて、黒川伊保子の理論を熟知した大人の女性にこそ、優秀な男性脳を手に入れるチャンスがあるってことだ（微笑）。

　ウルトラマンの妻は、ただただタフに、愛を確かめようとなんかせずに、そこにいるしかない。ウルトラマンの部下は、共感やねぎらいを期待せずに、共に問題解決していくしかない。

　すべての男が多かれ少なかれウルトラマンである。そう思ってしまえば、男たちによってもたらされるストレスが僅少《きんしょう》になる。

愚直な男ほど、愛がある

ちなみに、ウルトラマンが発揮している自己犠牲の美学、すなわち、たとえ自分の人生や命を犠牲にしようとも使命を全うしようとする心意気は、主に男性ホルモン・テストステロンによってもたらされている。

テストステロンは、男性の生殖行為をアシストするために、その多くが下半身で分泌されるホルモンだが、脳にも強く影響し、目的意識・やる気・好奇心・闘争心を喚起すると言われている。

一方で、テストステロンが分泌すると、免疫力は下がるのだそうだ。理由は、ケガをしたとき、免疫システムが過剰に働くと、膿んだり腫れたり、熱が出たりするから。動けなくなってかえって危ないから、免疫力を低めに設定するのだ。ウィルスの侵入をある程度覚悟して、ケガをしてもなんとか戦えて、とりあえず家まで餌を運べるように。

生きながらえることよりも、今、この瞬間、愛するものを守り、食べさせるために、男たちの身体と脳は機能している。テストステロン効果を学んだ日、私は、なんだかせつなくなって、世界中の男子が愛しくなってしまった。

あ、ちなみに、女性の身体でもテストステロンは分泌していて、競争社会に身を置くと、その分泌量が増える。管理職女性とイクメン男子だと、前者の方がテストステロン量が多いのだそう。使命のために邁進《まいしん》するのは、必ずしも男性だけの専売特許じゃない。とはいえ、女性の場合、哺乳類のメス特有の「生きながらえる」本能も共存している（哺乳類は母体が生存していないと子孫を残せないからだ）。自己犠牲の美学を貫く男性脳に対し、テストステロンの影響下にある女性脳は、「ちゃっかり、がっつり生きて行く」系だ。ある意味、人類最強なのでは？

というわけで、男たちは、目標意識と闘争心と自己犠牲の感覚を、脳の構造のみならず、ホルモンでもアシストされているのである。優しいことばが言えない「ぱなし」男だとしても、もう許してあげてもいいのではないだろうか。ケガをしても、愛するひとのもとへ獲物を運ぶ気力を愛と呼ぶのなら、愚直な男子ほど、愛があるということになる。

そう考えると、男という生き物を見る目が変わりませんか？

愚直を理由に「つまんない男」のレッテルを貼らなくていいので、けっこうパートナー候補が増えるはずである。

男には、目の前のものが見えない

女性脳は、右脳と左脳の連係がとてもいい。一方、男性脳は、右脳と左脳の連係が緩慢である。これが、脳の性差の根源だ。

右脳は感じる領域、左脳は顕在意識を担当している。女性脳は、生まれつき右左脳連係が非常によく、感覚器がつかまえた情報を密度濃く顕在意識に持ち込むので、「周囲の状況」の把握力が高い。さらに、自分の体調や気持ちの変化も、時々刻々顕在意識にあがってくるので、「自分」のこともしっかり把握できている。

じゃ、なにかい？　男性脳は、女なら見えていて当然の「周囲の状況」を見逃したり、「自分の気持ち」もわからないわけ？　……と、つっこみをいれたくなったでしょ。そうそう、そのとおりなのだ。

後に詳しく述べるが、右左脳の連係が緩慢だと、奥行き認識（ものの距離感の把握）が得意なので、「遠く」や「全体」や「機構」がよく見えるようになる。代わりに、目の前のものの観察力がとんと低い。「自分の気持ち」ですらよくわからない脳なのである。「自分」のことにはあまり意識が行かず、「世界」を意識するのが、男性脳の傾向にして役割だ。ほらね、ウルトラマン脳でしょう？目の前のものが見えないから、一番近くにいてくれる女性のこともよく見ていない。髪形を変えても気がつかないし、悲しそうな顔をしてても素通りするし、共感もしてくれない。「美味しい」「嬉しい」も積極的には言ってくれず、ねぎらいのことばも間が抜けている。

けれど、地の果てまで行って、数々の危機を乗り越えて獲物をとって、無事に帰ってくる。これが、男性脳の正体だ。

脳が見ている世界

　では、右左脳の連係が悪いと、なぜ、空間認識力が上がるのだろう。

　ヒトは、目にしろ耳にしろ鼻にしろ手足にしろ、左右で一対の感覚器を有している。理由は、左右から入ってくる情報の差で、空間やものの位置関係を知るためだ。

　たとえば、目。右目と左目に映る画像は、実はごく平面的なもの。しかしながら、わずかに違うその二つの平面画像の差分から、脳が「奥行き情報」を演算して作りだし、脳の中に三次元画像を映写しているのである。

　脳のその機能が壊れてしまった人は、世の中が立体に見えず、平面に描いた絵のように見える。階段が、あみだくじの線のように見えるのだそうだ。輪郭の線は把握できるのだが、面の向きが把握できない。どの面が足を乗せる面かが瞬時に把握できず、おそるおそる足を乗せることになる。

　つまりね、私たちがものごころついたときから眺めている風景は、脳が作りだすバーチャルリアリティなのである！　もちろん、経験を積み重ねた脳にとっては、そのバーチャル画像が現実空間とずれることがないので、「現実を見ている」ということに変わりはない。しかしながら、自分以外の人の脳の画像が自分と同じかというと、それは違う。他者の脳が見ている画像を見ることができたら、私たちはきっと驚くことになるに違いない。

たとえば、脳によって、優先的に把握している事象が違う。ある脳は、面を優先的に見て、ある脳は輪郭を優先的に見る。前者の脳は、針の先ほどの変化も見逃さないが、距離感を測りにくく、構造が理解しにくい。後者の脳は、目の前のものをないと思ったりするが、遠くから飛んできたものに瞬時に照準が合い、構造物を組み立てるのが得意だ。

この前者が女性脳に多く見られる傾向、後者が男性脳に多く見られる傾向である。

したがって、「私」が見ているものを、「彼」が見ていないなんてことは、無限に生じる。「察してくれて当然」と思うものを、まったく意に介さないということも、当然、無限に生じる。その度に傷ついていたら、やってられない。

男女差だけじゃない。ものごとを悲観的に捉える脳神経回路の持ち主は、世の中の事象から、まっさきに悲観的な事象をキャッチして、優先的に思考空間に並べてしまう。つまり、悲観的な人は、悲観的な結果を生む道を自然に選び、「ほらね、やっぱり、世の中って甘くない」と納得を重ねてしまうのだ。

逆に、ものごとを楽観的に捉える脳神経回路の持ち主は、世の中の事象から、まっさきに楽観的な事象をキャッチして、優先的に思考空間に並べる。なので、何をするにもストレスが少ない。

脳が見ている世界は、脳が作りだす世界だ、ということ。あなた自身の脳を、ポジティブに健康にしておけば、世の中がそう変わる、ということでもある。

女は面で、男は点で、世の中を見る

比較的近くを、まんべんなく見るのが得意な女性脳。身の回りや、気になるもの、大切なものを、面でつぶすように、くまなく見ている。私は、二次元面型認識と呼んでいる。

一方、男性脳は、空間全体をすばやく把握するために、注視する点をいくつか瞬時に決めて、それを基軸に輪郭を作り出し、空間構成と距離感をつかむのが得意。空間を「点」で捉える、三次元点型認識である。

どちらにも利点と弱点がある。

二次元面型認識の女性脳は、半径3メートル以内を、つぶさに把握している。あらゆるものが、見えるのである。見えるというより「感じる」、いや、「脳に触れる」と表現したほうがいいかもしれない。

トイレに立ったついでに、置きっぱなしのコップを片づけ、通りすがりの玄関で家族の靴を揃え、施錠を確認し、消臭剤の残り具合を確認し、台ふきを持って帰ってきて、テーブルを拭く。その台ふきは、寝る前に、きっちりキッチンに戻す。そんなふうにあらゆることを片づけながら、子どもの寝息を聞き分け、わずかな体調変化を見逃さない。

ときには、見えない危険にも気づく。書類の下に、カッターナイフの刃が出た状態で隠れていると、なぜか不穏を感じて、書類を持ち上げて見つけ出すとくらい、女性脳には朝飯前である。視覚だけではなく、聴覚や嗅覚も総動員して、自分と子どもの身を守って、何世代も何世代も進化してきたのだろうなぁと、しみじみしてしまう。

現在、我が家の息子には超キュートなおよめちゃんが来てくれて、同居してくれているのだが、彼女が昨日つぶやいたセリフが私を笑わせて、ちょっぴり泣かせた。「お母さんは、今まで一人で、パパやゆうさんの面倒を見ながら、あれもこれも全部やってきたのね。大変だったね」

彼女がいてくれると、いつの間にか洗濯機が回りだし、トイレがきれいになり、床のほこりが消えている。息子は、料理をしてくれるし、優しいいたわりのセリフも降るようにくれるのだけど、「阿吽の呼吸で家が片付く」からは程遠い。というか、彼は超一流の男性脳の持ち主なので、超一流の「ぱなし」男なのだ。

私は「あなたがいると『家』が壊れる～」とよく悲鳴を上げていた。リビングや私の書斎に、何もかも置きっぱなしにして、空間を台無しにしてしまうから。洗濯前に部屋に探索に行くと、パンツやTシャツが2～3枚は見つかるような正統派男性脳である。女子が二人、家にいるのは、本当にありがたい。

一方で、女性脳は、横への展開が豊かすぎて、ときに「そもそも何をしていたか」を忘れてしまうことがある。お風呂の残り湯をポンプで洗濯機にいれるとき、私は、ときどき適量を超えてしまう。ついでの作業が佳境に入って、戻れなくなって。話も横道にそれすぎて、「そもそも何を話していたか」も忘れることもある。まぁ、それもご愛敬。無邪気な（やや無責任な）並列処理でなきゃ、家事なんか永遠に片付かない。

三次元点型認識の男性脳は、「注視する点」を瞬時に決定し、潔く線を引いて輪郭を切り出すので、「全体」と「目的」を見失わない。

獲物を狩り、荒野の果てまで行って帰ってこられる。縦列駐車もうまいし、大工仕事もうまい。大海原に漕ぎ出し、世界の地図を作るとか、車のエンジンを考え出し、それを形にして、世界中に走らせるなんて、この世に男性脳がなかったら、実現することはなかっただろう。

三点〝素敵〟主義

世界を点で捉えて、それをつなげるようにして輪郭を描きだす男性脳は、女性を見るときも、女性がするほど綿密には見ていない。2点か3点ほど美しい点があれば、すこぶる美人だと思い込める。ぽってりした唇、優しげな目じり。たとえば、それだけあれば。

美しいアイラインの下のクマや、美しいリップラインのわきのほうれい線も見逃さない女性脳からすると、はっきり言って、男性の見方は妄想に近い。男子の言う「あの子、カワイイね」に納得できないこともあるのでは？

それを逆手に取ればいいのである。

男性に見せるための化粧は、ポイントメイクでいい。アイラインもマスカラもアイシャドウも、リップメイクもチークもと、すべててんこ盛りにすると、男性は、どの点を見ればいいか迷って、うまく顔認識できないことがあるのだ。「きれいなのに、男性の印象に残りにくい」ということがけっこうある。努力の果てに、そうなってしまうのはもったいない。見てもらいたい勝負点を自分で決めて、うまく使おう。

今日は、唇とデコルテ、と決めたら、アイメイクは控えめに、アイラインは下に目線を誘うように、ややたれ気味に入れる、とかね。女友達に、「まつ毛エクステしたら？　もっと目が大きく見えるのに」なんて言われてもひるまないで。男性目線を誘うときには、女性の評判は気にしなくていい。

ただし、輪郭と動きに強い男性脳は、「姿勢」「立ち居振る舞い」「歩き方」に厳しいので、これらは手を抜かないように努力したほうがいい。

また、後にも詳しく述べるが、男性脳は音で空間認識するので、〝空間の音〟を占有されると、女性脳の想像をはるかに超えて不快に感じる。「大きな声でしゃべる」「ずっとしゃべる」は絶対にダメ。

残念ながら、「大きな声でがんがんしゃべる女性」は、男性脳にとって「傍に置いておく女性」にはなりえない。この不快さは、相手を気づかう繊細さや知性の欠如と感じられるため、男性からの敬愛を得られないからだ。今、好きな人がいて、その人に大切にされたいと思っているのなら、絶対に忘れないで。

もう一つの三点素敵主義

さて、注視点以外は妄想でつなぐ男性脳、実は、視覚情報だけじゃなく、時間軸の情報にも、その癖が出る。

たとえば、朝の出がけに、妻が子どもを叱っている。帰ってくると、また子どもにがみがみ言っている。すると、「一日中子どもにイラついている妻」だと思い込むのである。間を妄想でつないでくれちゃうわけ。

逆に、「定点」の機嫌さえよけりゃ、「一日中機嫌がいい、素敵なひと」と思い込む可能性が高い。

というわけで、一緒に暮らす男子には、「いってらっしゃい」「おかえりなさい」「おやすみなさい」（「おはよう」でもいい）を穏やかに。すると、あら不思議、彼らの脳の中の妻（母）が、「優しいひと」になる。

仕事仲間にも、朝の第一声は、明るく意欲的に、と決める、とか。私は、会議の最初と最後は、満面の笑みと決めている。男性脳は、点をつなげて、妄想でつなぐ。「定点」さえ気をつければいいので、お得なのである。

優しさなんかで、男の愛を測るとたいへんなことになる

このように男性脳は、女性脳のようにまんべんなく見ているわけじゃないから、日常生活の中で、見逃すものも少なくない。

我が家の夫なんて、定年退職して半年後、「きみたちは、毎日の食器洗いがどんなに大変かちっともわかってないんだよ」と爆発した。「毎朝、毎晩、みんなの食べ散らかした食器を洗ってるのに、感謝のことばもない！」

爆発したのは、ジンギスカン鍋の洗い方を、我が家の第一シェフである息子から叱られたからで、私は、二人が大げんかしている最中に帰宅したため、とばっちりをくって、「皿洗いの大変さがわからないきみたち」に入れられてし

まった。もちろん、「はぁ？」である。「あなた、落ち着いて、よく考えてみて。私たちが結婚したのは、１９８５年４月６日だったよね。その日から、今年の４月までの丸35年間、誰がお皿を洗ってきたと思ってるの？」

夫は、「あっ」と息をのみ、口に手を当てた。「しかも、朝ごはんとお弁当を作ったあげくに皿を洗い、洗濯をして、化粧をして仕事に出かけ、合間に本を書きながら、ですけど？」とダメ押ししてあげたら、何も言わずにキッチンに再び立ち、以後、文句も言わずにお皿を洗ってくれる。先日なんて、私が食器を洗っていたら、「料理もしてくれたのに、お皿も洗ってくれたの？　ありがとうね」なんて声をかけてくれた。

そんなことに気づくのに、35年もかかる？

さすがの私も、開いた口が塞がらなかった。

それにしても、今さら、夫が、わりと優しい人だと気づくなんて。

目の前の女性が困っていても手を差し伸べないのは、面倒くさいからじゃない。ねぎらいのことば一つ言わないのは、冷たいからじゃない。そもそも見えていないからだ。読者のみなさんにはそう言い続けてきたけれど、さすがに、ここまでとは思いもよらなかった。

というわけで、男たちのそんな特徴を、「自分に対する配慮の欠如」と見て、「この人、私なんかどうだっていいんだわ」につなげてしまうと、女はすこぶる生きづらくなる。だって、この世のすべての男性脳がその傾向にあるのだから。

上司も同僚も部下も自分を軽んじている、父親だって夫だって……となり、男性に対する漠とした不信感が生まれる。男女不平等時代に育った私たちの世代には、このタイプがけっこう多い。理想の男性を心に抱えて、現実の男性を愛せなくなってしまったり、「私なんて、どうせ」が口癖になってしまったり。

優しいことばやきめ細やかな配慮なんかで男の愛を測ると、女は一生、愛に飢えてしまうことになる。それをやめると本当に楽になるよ。

そうアドバイスすると、「だって、恋愛時代は、男性も優しいじゃないですか。

けっこうちやほやしてくれたのに。男性だって、やろうと思えば、できるんですよね」とおっしゃる方がいる。

何を言ってるの？　それは、「獲物」だからです、と私は答える。

パートナーとして定着するまでは、狙った女性は、彼の脳にとっては「目標物」である。トイレに行こうとして、トイレを見逃さないように、彼女を「注視する点」に含めているのだ。だから、ちょっとした変化にも気づいてくれるし、悲しそうな顔をすれば「どうしたの？」と聞いてくれる。

それが一生続いてほしい？　とんでもない！

それでは、一生、彼のパートナーにはなれない。ただの「遠くの目標物」にすぎない。彼が別の目標物に気を取られたらおしまいである。

男性脳は、「目標物」である女性を獲得して信頼し、パートナーと決めたら、潔く「身の回り」のことを丸投げにして、狩りに出る。

パートナーは、自分の一部なので、もうちやほやしたりしない。自分の右手に「いつも、よくやってくれるね」と言わないように、自分の心臓に「毎日、規則正しく動いてくれてありがとう」なんて言わないように。

男たちは、妻をちやほやしないが、妻を基軸にして、世の中を認知している。帰る家を、脳内の座標原点にして、世界の距離を測っているのである。脳の仮想空間の「原点」になってしまうと、本当に強い。この「原点」を失うと、世界観そのものが崩れてしまうのだもの。多少、華やかな「他の目標物」に気を取られたとしても、そう簡単に「原点」を捨てたりしない。子どもが母親を捨てないように。

男のコミュニケーション力は、母親の責任である

さて、そうは言っても、妻を原点としながらも、妻に優しいことばをかけ、気配りができる男子は、この世にいる。たまにいるから、厄介なのだ。やっぱり理想の男子は、この世にいるのよ、と思えてしまうからね。

「原点」と優しい会話が交わせるのは、訓練である。その訓練をするのは、最初の「原点」の役割。つまり母親だ。

母親と息子の対話は、息子のコミュニケーション能力を決する。男の母である人は、自分の人生もさることながら、次世代への責任もあると思う。

「学校どう？」「宿題やったの？」「食べ終わったら、さっさとお風呂に入りなさい」「明日の用意はできたの？」「なんで、○○しないの？」「だから、言ったじゃないの」――たいていの日本男子は、ざっとこういうことばで育てられる。真面目で、一生懸命で、子どものことを何よりも大切にしている賢い母親がしがちな会話。５Ｗ１Ｈ型の質問（なに？　なんで？　どこ？　いつ？など）と、命令と叱責で構成されている。

でもこれ、よく考えてみて。「学校、どう？　宿題やったの？」という会話、帰ってきた夫が「今日、何してた？　めし、できてるのか？」と聞くのと、まったく同じ話法なのである。話が弾むわけがない。

これらは、ゴール指向問題解決型といって、「目標を合理的に達成するための手段」としての会話の始め方だ。夫のそれにイラっとさせられるくせに、日本の母たちは、それを息子にしてしまうのである。

理由は、日本の子育てが、「目標」に満ちているからだ。ご飯をさっさと食べさせて、宿題をやらせて、風呂に入れて、翌朝、無事に送り出す……という短期目標、試験に合格させるという中期目標、立派な大人にするという長期目標。いくつもの目標が、私たち母親の前に立ちはだかる。かくして、「宿題やったの？」「どうして、プリント出さないの！」という、問題解決型の対話だけで、日々が過ぎ去り、いつの間にか息子は大きくなって、家を出てしまう。

これは、実は大問題なのだ。大人になった息子と、楽しい会話ができない。さらに、息子が女性にモテにくい。

男同士の会話は、基本、問題解決型なので、男子は、母親から教わらないと共感型対話をマスターするチャンスがないのである。男の子の母たちは、心がけて、共感型対話を交わさなければならない。

というわけで、「心通わす対話の始め方」を以下に述べよう。

共感対話の始め方

共感対話の始め方には３種類ある。

一つ目は、相手のいい変化点、やってくれたことに気づいて、ことばにすること。

家に帰ってきた夫や息子が「そのスカート、新しいよね、似合うね」「あ、僕の好きなナスのカレーだ」「シーツ、洗っといてくれたんだね、ありがとう」と言ってくれたら、どんなに嬉しいだろう。

だから、私は、息子にそうしてきた。離乳食を食べてくれた時も、「食べてくれたのね、ありがとう」と声をかけたし、息子が描いた絵一つにも、「あー、私の好きな色だ。嬉しい」と反応した（嘘ではない。私は彼のセンスが大好きなのだ。彼が小学校一年生の時に持ち帰った版画は、22年経った今も私の部屋のメインのインテリアだ）。おかげで息子は、共感型対話をしてくれる。

人は、基本、してもらったことしかできない。もしも、家族と心を通わす会話ができないと感じているようなら、今からでも、５Ｗ１Ｈの質問をぶつけたり、指図する代わりに、「全部食べてくれたんだ。嬉しい」「宅配便、受け取ってくれてありがとうね」「そのシャツ、かっこいい」と、声をかけてみよう。

二つ目は、頼りにすること。

「シチューの味、見てくれる？」「お鍋に何入れようか」「明日のワンピース、どっちがいいかなぁ」「今、会社で、こんなことで煮詰まっててさぁ。何かアイデアない？」のように頼りにしてみる。

頼りにすると、家族がしてくれることが増え、さらに一つ目の手（やってくれたことをことばにして感謝する）が使える。

そして、三つ目。頼りにしても反応がない相手には、社会的事案をテーマに意見を聞いてみるのも手。「トランプ政権、あなたはどう思う？」とか「9月入学って、どうなのかな」とか。

ここで述べたことは、夫との会話を増やすためにも使える。そして、なんと、上司や部下にも使えるのである。「褒める」「頼りにする」は、職場でも使える上級のコミュニケーション・テクニック。これについては、後にも述べる。

女同士では、「やっぱりね」「わかる、わかる」のような共感語を使うのがセオリーなのだが、男性脳は、共感よりも評価を求めている。盛大に評価してあげたらいい。

女には「証明」が要らない

男性脳は、共感よりも評価を求めている。たった今、そう書いたが、これは、女性の生き方と男性の生き方を大きく分かつ、とてもとても大事なことなので、解説しよう。

太古の昔から、人類は、存在証明をしたがっていた。哲学者は、真理とは何か、ふりかえって存在とは何かを問い続け、芸術家は、脳内世界を出力することで、自己価値を確認し続ける。

戦いに勝つ、発見・発明・開発をする、富を手に入れる、名誉を手に入れる。あるいは、コツコツと働き続けることで、家族を食べさせ続ける。男たちは、ここ何万年も、自らの存在価値を証明し続けているのである。

ここで、あえて「男たち」としたのは、女は、そもそも、その俎上《そじょう》にいないからだ。女性脳は、「共感して、察すること」すなわち「感じること」を、主目的にしている。子育てに必要な感性の第一要件だからだ。

主観こそが、女性脳のメインテーマだ。主観が強い女性でなければ、子どもなんて育てられない。隣の子がどんなに優秀でイケメンでも、うちの子が世界一大切に思える。別の部屋で寝ている子どもが夜中に熱を出すと、なぜか目が覚める。そんな母たちの主観と直感が、どれだけの命を救ってきたかわからない。というわけで、女性脳は「自らが感じる」ことだけで、十分に価値があり、それを脳が知っているのだ。美味しいものを美味しいと感じるだけで、女性脳は、ミッションを完遂したことを知る。大好きなケーキをほおばるだけで、今日もここに生きていることを、ふくよかに実感できる。歴史に名を残さなくても、いっこうにかまわない。

「よろこび上手」な女になる

一方、男性脳は「問題解決をして、成果を得ること」を主目的として生きている。こちらは、客観性がメインテーマだ。瞬時に世界を把握して、距離や位置を測らなければ、獲物は狩れないし、家にも帰れない。

客観性によって脳が充足するので、勝利や成果、ひいては「愛する人の承認」がないと、存在証明が完結しない。幼い日は、母親に認められるために、やがて、恋人や妻のそれを糧にして、男たちは荒野に出ていくのである。

だからこそ、よろこび上手な妻は、男性脳にとって、最高のアタッチメントである。それをもって、脳の中の「世界観」と「自分の存在証明」が、完結するのだから。

ところで、ここ30年ほどの、徹底した男女平等教育のおかげで、知らず知らずに男性脳型の人生観を植え付けられ、存在証明をしないと不安でいられない女性が増えている。美しく、賢く、まつ毛は長く、ウェストは細く、みんなに褒めてもらえる「私」であることに縛られて、苦しがっている。そつのない子育てと、ちゃんとしたキャリアと、年齢に見えない美しさ。それらをすべて手に入れなければ、満たされない。

目を覚まして、賢き女性たち。

女は、そんなに頑張ることはないのである。誰かと自分を比べて、がっかりしたり、奮起したりしなくていい。自分に、感じる力があること。美味しい、嬉しい、カワイイがわかること。それで、世界観が完結する才能を、生まれつき持っているのだから。

きっぱりと「好き」「嫌い」が言えること。それこそが、男たちに愛され続ける女性に不可欠の才能なのである。

客観性が強い男性脳は、自分の価値が決められない。誰かの「ダメ」「それでよし」がなければ、世界観が完結しない。となれば、主観できっぱり白黒つけてくれる女性こそが、男性脳の最後の「ワンピース」なのだから。

自分の快・不快を大事にすればいい。他人との勝負になんて、いっさい勝たなくていい。そもそも、誰とも比べなくていいのである。それこそが、女の人生のゆるがぬ真実であり、最大の「秘密」なのだ。

ビジネス戦士として、競争社会の中にいると、男性脳型になって、ついそのことを忘れてしまう。どうか、忘れないで。

お絵かきの男女差

男性脳の客観優位、女性脳の主観優位は、幼いころから始まっている。

生まれつき右左脳連係が頻繁でない男性脳は、左右の感覚器からの情報が混じらず、鮮明だ。このため、奥行き認識を得意とし、ものの距離感を測ることを楽しむ。

生まれてきたその瞬間から、この性差はある。男児の場合、生後8カ月で、およそ3メートルの鳥瞰《ちょうかん》（上から見下ろす仮想目線）があると言われている。

8カ月といえば、まだ歩き始めてもいないハイハイの頃である。そのとき既に男性脳は、3メートル上空から自分のいる場所を眺めるような仮想目線で、世の中を把握している。

男児に鳥瞰があるのは、彼らが描く絵を見ればわかる。7歳くらいまでの子どもたちが無邪気に描く絵を注意深く見てほしい。男の子だけ、自然に、俯瞰《ふかん》図を描くのである。

我が家の息子は、5歳くらいのとき、「ママ」と言うタイトルで、「W」のようなかたちを上下に二つ描いた。聞けば、おっぱいと膝なんだそうだ。そのおっぱいの谷間に、自分の顔を描いて、「ひざまくら〜」と悦に入っていた。どう見ても、ひざまくらしている自分の姿を2メートルくらい真上から俯瞰した図なのである。「いったい、いつ、その風景を見たの?」である。

息子が小学校低学年のとき、教室に飾られた子どもたちの絵を見て、その男女差に、あらためて感動したこともある。男の子たちの絵の何枚かは、あきらかに「上から見た構図」。たとえば、公園を俯瞰図で描く子がいる。滑り台が、展開図のように、真上から見た風景で描かれている。その滑り台の上に、空を見上げて笑う子がいる。上空15メートルくらいからの風景だ。「公園脇のマンションから見た構図？」と一瞬思ったけれど、それも違う。だとしたら、わずかにでも、滑り台やブランコが斜めに見えるはずだが、これは、きっぱりと真上なんだもの。まるで、ドローン目線である。

同じ年頃の女の子たちは、一様に、画用紙に地面の線を描き（あるいは、画用紙の下の辺を地面に見立て）、お姫様を描いたり、家を描いたり、犬や猫やお花を描いたりしていた。つまり、スナップ写真の構図のように。

男の子が「働く車」を愛する理由

男の子たちは、生まれてすぐから、世の中を俯瞰して遊ぶ。

男の子たちが「働く車」が好きなのは、脳科学上深く納得できる。あの艶のあるマテリアルは、遠くからも目立つし、光の反射具合でかたちや構造が見ただけでも理解しやすい。たくさんの仕掛け満載で、動かすことができるしね。

こういう、かたちや構造が目で見てわかるものが、やや離れたところにあると、男子はがぜん興奮する。脳の中で、そこまでの距離を測り、かたちを想像し、仕掛けを動かしたくてワクワクする。そのことが、空間認知力の高さを生み、好奇心を育む。

だから、男の子を育てるときは、部屋は多少散らかっていたほうがいいのである。あっちに消防車、こっちにフォークリフトってな具合に。母親が、3つ目のおもちゃを出すなら、一つしまおうね、なんて始末のいいことをしていると、男の子は視野の広い大きな男に育たない。ほんとです。

さて、男の子が、「自分」そっちのけで、働く自動車に興奮している頃、女の子たちは、ぬいぐるみやお人形を抱きしめながら、「自分」を感じている。「自分」が気持ちいい、「自分」が楽しい、「自分」がちやほやされるのが、女の子たちのテーマだ。

そりゃ、そうでしょう。哺乳類のメスは、自分が健康で、快適な状態でないと、子孫が残せない。自己保全は、そのまま種の保存につながる。種の保存は、生物の脳における最も基本的な本能である。したがって、自己保全のための我の強さは、哺乳類のメスの最も大切な本能なのである。

男が大人になるとき

客観から仕込まれる男性脳は、「対象（車や電車）」に夢中になれても、「自分の気持ち」がよくわからない。

息子が小学校高学年のとき、息子のクラスで、いじめが発覚した。一部の女子たちの間で起こった事件だったが、学級会でも保護者会でも話題になった。私は、家に遊びに来た女の子たちに、「どう思った？」と聞いてみた。彼女たちは、「悲しかったよ」「私は最初から嫌だった」と〝気持ち〟を語ってくれた。

ところが、同じ質問を男の子たちにしてみると、答えはぜんぜん違うのである。「いけないことだと思った」「いけないことだよなぁ」「○○ちゃん（いじめられた女の子）は、ぜんぜん悪くなかったし」「いいか悪いかじゃなくて、あなたたち自身がどんな気持ちになったか、聞いてるのよ」と再度質問を返しても、「だからさ〜、いけないことだと思った」「それが気持ち」。

男子は、どこまでもいいか悪いかで話をする。「悲しい」「つらい」「嫌だ」ということばは最後まで使わなかった。

「僕は、悲しい」と言えるのは、きっと、彼らが、彼ら自身の冒険の旅に出て、「自分」を探し当てた後なのだろう。生まれつき「自分」より「世界」に意識が行く男性脳は、「自分の気持ち」が語れるようになって一人前なのだなぁ、としみじみ思った。

ただ、いい男は、「つらい」「寂しい」「ひどい」「耐えられない」などの、女たちが使う自己憐憫のことばは生涯使わない。他者を慮《おもんぱか》って「悲しい」と思い、それをあえて口に出してやることはあっても。

逆に、女は、自己憐憫のことばや、「私は、私は」を呑み込めるようになって一人前なのである。男性脳と女性脳は、大人になるすべが真逆だ。

そう考えるとね、男たちに気持ちを聞くのは虚しいと思わない？「私のこと、どう思う？」に、女の気持ちを満たす答えが返ってくるとは思えない。そもそも自覚してないいんだもの。

だから、男の気持ちなんて、気にすることはない。「女がなにも疑わず、満足そうに、当たり前のように傍にいる」のを見て、「僕たちは一緒にいるべきなんだなぁ」と思い、「僕はこの人を好きなのに違いない」と思い込む。それくらいのものである、男の気持ちなんて。

そして、早くから自分の気持ちを語れる女たちは、男性から見ると「成熟度が高い」ように見える。ビジネスの現場では、ビジネス提案に自分の気持ちを乗せてぐいぐいしゃべれるので、女性の方が積極的に見える。この利点は、おおいに活かした方がいい。その具体的な方法は、第3章で述べるね。

デートより飲み会を優先する理由

主観より客観。「自分」より「社会正義」。男性脳のその姿勢は、大人になっても変わらない。彼女とのデート（自分の気持ちが嬉しいもの）より、仕事の付き合い（使命）を優先するのは、その延長にあることだ。

彼女が大切じゃないわけじゃない。「そっちのほうが自分の内側にあり、そっちのほうが嬉しい」からこそ、彼らはないがしろにするのである。つまりね、「彼女とのデート」よりも、「友だちとの飲み会」を優先するようになってはじめて「俺の彼女」になったってこと。彼女のほうが、友達より、心の傍にいる証拠だから。

女性脳は、その逆。概念距離が自分に近い者に、より愛情を注ぎ、時間も注ぎたい。彼氏とのデートに、友だちの飲み会がかぶさっても、「先約があるから」と断れる。なので、つい、友達を優先する彼の行動に、愛情を疑ってしまうことになる。その行動こそ、彼女に惚れてる証拠なのにね。これを知っていたら、かなり、おおらかなカノジョになれるのじゃない？

女たちの冒険

男たちは、世界の果てを目指して冒険の旅に出る。その途上で、挫折したり、成果を得て、自分とは何かを知るのである。

振り返っての女性脳。私たちの脳には、あらためて冒険なんて必要ないのだ。最初から、自分が何者か、自分が何を欲しているのかを知っているからね。

それでも、女たちは、冒険の旅に出る。「自分を知る」ために旅に出て、「成果」を得る男たちと違って、女の冒険は一段深い。私たちは、「自分が知っていること」が真実かどうかを確認するために旅に出るのだ。そうして、結果、「愛」を得る。

つまりね、女の冒険のゴールは「真実の愛」を知ること。冒険のゴールに成功したかどうかは、本人にしかわからないのである。

そういう意味では、「子育て」も大いなる冒険の一つ。母は勇者である。出産の日、母になる女性たちは、本当にいのちを懸ける。この子が無事産まれてくるのなら、いのちを捧げてもいい……その「思いのしずく」を注ぎ込むようにして、子を産み出す。私は、出産の日を忘れられない。本気でいのちを投げ出した、人生で唯一の日だからだ。痛みなんか、とうに忘れちゃったけれど、あの覚悟だけは忘れられない。

私は、街で幼子を抱く母親たちを見ると、胸がいっぱいになって、抱きしめたくなる。いのちを投げ出して、子育てという冒険の旅に出た、まだ道半ばの美しき勇者たち。すべての幼子の母が、心細いはずだ。守らなきゃいけないものがある冒険の旅だから。

「母にならない」という選択

でもね、子どもを持たずに、その人生を子ども以外のものに捧げる女たちもまた、勇者なのである。

女性脳の成熟の道は二つある。一つは、子どもを産んで成熟する道。もう一つは、子どもを産まずに成熟する道。この二つの道は、別の道だ。子どもを持たない女性は、「未完成な女性」ではけっしてない。

妊娠、出産、授乳によって、女性は、今までにないホルモンの分泌の嵐に見舞われる。脳の信号処理の特性が変わり、食べ物の好みなど感覚器の様相が変わり、内臓の位置関係も変わる。このため、性格も体質も出産前後で変わる。つまり、出産で、母親自身も生まれ変わってしまうのである。

私自身は、出産後の自分の方を気に入っているけれど、人によって違うかも。どちらに軍配が上がるわけでもないが、新しいモードに入るのは間違いがない。母になった女性は、世界中の誰よりもわが子が可愛い。つまり、脳の感覚地図に偏りが生じるのである。ある意味、偏ったものの見方をする脳に変わるわけだ。その「我田引水」ぶりがなければ、子どもなんか育たない。この感性の偏りが、ときに、職場で新機軸の商品を生み、膠着《こうちゃく》した事態からの脱却に役立ったりするのだから、人生は面白い。

一方で、産まないまま成熟した女性の母性愛は、偏りがなく、惜しみなく社会に注がれる。こういう女性脳は、組織には必要不可欠。古代からの宗教が、巫女やシスターのように産まない女性を確保してきたのには、わけがあるのだ。

私は、脳を見つめる者として、産むことが女のマストだとは思わない。子どもを持たない女性は、母である人たちになんら引け目を感じる必要はない。もちろん、チャンスがあったら、逃さず産むといい。子がくれる愛は、何物にも代えがたい。どんなイケメンにかしずくように愛されたって、子どもが母にくれる愛には到底かなわないもの。あの愛は、経験できれば素敵だ。でも、そのチャンスがなかったのだとしたら、それはそれ。誇り高く、別の道を行こう。

愛の対象が明確にぶれない母たちの冒険とは少し違って、母にならない女たちは、愛の対象を想念で決める。ときに、自分がどこに向かっているのかわからなくなり、夜の海に浮かんでいるような気持ちになることもあるだろう。その冒険の旅は、母たちとはまた違う過酷さを孕《はら》んでいるに違いない。

いずれにせよ、女たちの冒険は、7つの海を越えるよりも壮大なのである。たとえ、家庭から一歩も出なくたって。その旅は、羅針盤がなければ過酷な旅になる。この本が、その羅針盤になりますように。

夫脳との付き合い方

ここまで述べたように、男女の脳の使い方は大きく違うが、中でも夫婦（恋人同士）の脳は、さらにはるかに絶望的なまでに違う。

夫婦の脳は、感性真逆のセットだからね。子孫の生存可能性を上げるために、感性が真逆の相手に発情するように、脳には仕組まれているのだ。寒さに強い個体と暑さに強い個体がつがえば、地球が温暖化しても寒冷化しても、子孫が残るでしょう？　なので、夫婦のエアコンの適温は一致しない。

ことごとく感性が真逆なので、とっさに感じること、とっさの行動が真逆になるケースが多い。だから、激しい恋に落ちてつがった夫婦ほど、いらだつ関係になるのである。

でもね、いらだたせる一方で、夫は私にない感性をたくさん持っている。だから、脳の不思議を教えてくれるし、私にない能力が満載なので、頼もしい戦友であることは間違いない。

脳科学上、私は夫にとても満足しているし、彼を遺していくときも、あるいは彼を失うときにも、きっととてもとても悲しいに違いないが、脳科学的にここに男女の愛はもちこまない。「女として、満ち足りる」何かを夫にもらおうと思っていたら、とっくに離婚していただろう。

この本の読者には、言っておかなければならない。

子をなすために発情する相手は、女に、満ち足りた心の安寧をくれる相手じゃない。これは、脳科学上の真実だ。

「どきどきする恋とは違うけど、なんとなく安心するから」という理由で、静かにつながった場合などで、「仲睦まじい」が続く場合もあるけど、それは例外。

子をなすカップルは、互いに違う感性を持ち寄り、違う視点と行動をもって、家族を守りあう。子を持ち生活していくことは、生半可ですまされることじゃない。戦いといってもいい。そんな二人に共感し合う暇はない。だから、それはそれで、よしとしない?

第2章　女性脳を飼いならせ

この章では、自らの女性脳を飼いならす方法を話そう。

私たちの女性脳は、実は少し厄介なのだ。自分自身の思い込みで勝手に「周囲に大切にされていない」と感じてしまう癖があるのである。そのせいで、自滅していく女性のいかに多いことか……。

脳は、脳のタイプ別に好意や信頼のあらわし方が違う。それを知らずに、自分の基準で世間を見ると、常に「愛が足りない」「信頼されていない」と感じることになる。

逆に言えば、それさえ知れば、女は１００倍強くなる。

さぁ、まずは、めげない心を手に入れよう。

女は「共感」のために会話する

女性脳の最たる特徴は、共感欲求が高いことである。

共感されたい、共感したい。私たちの女性脳は、これだけを求めて生きていると言っても過言ではない。

後で話すが、女性脳にとって、共感は大事な大事な知識構築のキーファクター。脳が切実にそれを望んでいて、共感してもらえないと、一気にモチベーションが下がり、免疫力も下がってしまう。

だから、女たちは、「わかる、わかる〜」と盛大に共感して、会話を進めるのである。女の会話は、「共感で始まり、共感で落とす」が、セオリーだ。

たとえば、「なんだか、腰が痛くて」と女友達に言われたら、女性のほぼすべてが自然に同じことをする。それは、相手のことばの反復と同情。「え〜、腰が痛いの？　それはつらいよねぇ」のように。

なのに、男ときたら、いきなり「医者に行ったのか」「シップ貼ったら」である。共感部分をすっ飛ばして、一刀両断。こんな会話、女は望んじゃいない。

私の息子は、共感の天才である。私が気持ちを吐露したとき、必ず「あ〜、わかる。ハハの気持ち、よくわかるよ。それは、ひどいね（嬉しいね）（悲しいね）（面白いね）」と心から言ってくれるのだ。ときには、優しく抱き寄せて、肩や背中をさすってくれる。私が調子に乗って頬ずりしても、当たり前のことのように頬を差し出して受け止めてくれる。よちよち歩きの時からずっとやってくれていることのことを、妻帯者になった今も、変わらずやってくれるのだ。今はおよめちゃんも一緒に気持ちを聞いてくれて、「お母さんが傷ついてるから、ゆうさん、抱きしめてあげて」と言ってくれるしね。

息子にこれをやってもらうようになって二十数年。私は、「女は、愛する者からの心からの共感さえあれば、豊かに生きていける」と実感している。それ以上の何かをしてくれるわけじゃないけれど、私の気持ちに、時間をかけて心を込めて共感してくれる胸板の厚い若き男子。すごく贅沢だ。

男は共感なんかしてくれない

これに対し、我が家の夫は、私が気持ちを吐露すると、「なんで?」と聞くのである。「なんで、そうなったの?」とか「なんで、そう感じるの?」という意味らしい。

私「今日、こんなことがあったの……《中略》……というわけ」
夫「ふ〜ん」
私「ふ〜んじゃないよ、ひどい話じゃない?」
夫「なんで?」
私「なんで!? 私は親切のつもりだったのに、逆恨みされたんだよ?」
夫「きみも、口の利き方がなぁ」
私「なによ、それ!」

あ〜、こうして、事例として書いていても腹が立つ。我が家の夫に自分に起きた「とほほ」を話すと、たいていこの展開なのだ。

ま、彼がいなかったら、あの息子はいなかったからね。夫と息子の共感力を足して、「我が家の男子の共感力」と評価しているので、よしとしているけど。


そういえば、いつだったか、私がキッチン・カウンターに手をぶつけて、「いたた」となったところに息子が入ってきたと思い、「いた〜い、手をぶつけちゃった〜」と甘えたら、夫だったことがある。しまった、と思ったが、遅かった。

夫は、「そのカウンター、10年前からそこにあるよね。なんで今さら、手をぶつけるんだ？」と冷静に聞いてくる。私もふと不思議になって「手を振り回したから？」なんて答えたものだから、「なんで、朝の6時半から、手なんか振り回してるんだ？」と聞いてくるではないか。あ〜、うんざり。

「なんで、そんな質問してくるの？」と尋ねたら、「原因がわからなきゃ、問題解決してやれん」と言ってのけた。

そうなのだ！　男性脳は共感のためになんか会話をしない。問題解決のために会話をするのである。だから、こちらの痛みに共感する前に、原因を追究してくる。わかっていても、この朝は、めちゃくちゃ腹が立った。手首のくりくりをぶつけて、けっこう痛かったしね。

「問題解決したかったら、キッチンメーカーを呼ぶからけっこう。あなたがすべきは、愛する妻に同情して、大丈夫？　とか聞いてくることじゃないの？」と言ったら、「同情もしてないのに？」とくる。う〜〜〜。

そこへ高校生だった息子が入ってきた。私は、夫に「あなたさ、彼がなんて言うか、聞いてなさいよ」とささやいて、息子に同じセリフを言ってみた。

そうしたら息子は、「大丈夫？」と手首を優しくさすり、「絆創膏、取ってきてあげようか？」（傷もないのに）「椅子に座ってなさい、朝食はなんとかするから」と、最上級の優しさを示してくれた。

夫に「ほら、見なさい」と言ったら、「なんで、そんな見え透いたことが言えるんだ。たいしたことないのに」と息子に毒づく。息子は、「ハハが痛がっているのは、手じゃない。心なんだよ」と言っていた。あ〜息子、大好き。

もちろん、ショックから気持ちよく立ち直った母は、鼻歌交じりで、豪華朝食を作ってあげた。

しかし、たいていの家には、こんな男性脳は常備されていない。たいていの職場にも、そんな上司はいない。

したがって、私たちは、「共感なんて思いもよらず、いきなり突っ込んだ質問をしてくる男性脳」に囲まれながら、モチベーションを下げずに生きていかなきゃならないのである。

女が、男を手玉にとって幸せになるには、まず、この事実を知らなければならない。

男は「素早い問題解決」のために会話する

なぜ、男性脳は、共感をしてくれないのだろうか。

実は、男性脳は、女性脳ほど共感を必要としていないのだ。「共感」を知的行為のために使うのは、女性脳の専売特許。男性脳は、会話において、共感よりもまずは問題解決をしようとしている。しかも最短時間で。

長らく狩りをしてきた男性脳は、最小コストで成果を挙げる能力を進化させてきた。何か事が起こったときの思考のスタイルは、基本、問題解決型。当然会話もそうなる。だから、妻に「腰が痛くて」と言われたら、いきなり「医者に行ったのか」「医者に行け」とか言うのである。

男はよく、「女は、転びそうになって、転ばなかった話とかするだろう。あれ、なんなんだろう」とか言う。

確かに、「今朝、地下鉄の階段で、つんのめって転びそうになっちゃって」「え、転んだの？」「ううん、別に」なんて言われたら、男性脳的には、何の意味もない会話なんだろうなぁ。解決すべき問題が見つからないのだから。

女同士なら、「あ〜、それ怖いよね」「うん、怖かった」「気をつけなきゃね〜」「ほんとね〜」なんて共感し合って、脳神経回路のストレスを軽減させてもらえるのに。女は、共感してもらってほっとする。そのために、自分に起こった出来事を垂れ流すようにしゃべるのだ。

男性上司への提案が受け入れてもらった気がしない理由

男性は、いきなり問題点を指摘してくる。何の悪気もなく。

このことは、働くすべての女性が、ちゃんと知っておいた方がいい。

たとえば、何かの提案を男性上司にしたとき。無表情で提案書を読んで、顔を上げたと思ったら、「この材料調達、無理があるんじゃないか」なんて、いきなり弱点を突いてくる。女性脳的には、かなりモチベーションが下がる展開である。これが自発的提案だったときなんか、もう二度と提案なんかしてやらない、と思う瞬間でもある。

でもね、よく聞いて。男性がいきなり弱点を突いてくるのは、この提案を受け入れた証拠なのだ。いい提案だから、可能ならば最短で実現させたい。そのために、いきなり弱点を突いてくるのである。しかも、男性脳は自らが共感を必要としないから、「いいね、この着眼点」などと共感のことばを添える発想がない。

提案が箸にも棒にもかからなかったら、全体にＮＯと言うだけ。だから、提案を受けた男のすることは、「弱点を突く」か「全否定」の二種類だと思っておいた方がいい（たまに、コミュニケーション上手の男性がいるから、混乱を招くのだけど）。男性に提案をするということは、本当に心が折れることなのである。

職場だけじゃない。夫に「今度、○○に行かない？」なんていうと、いきなり「チケット、どうするんだ？」なんて聞いてくる。「いいね、僕も行きたかったんだ～」なんてセリフから入ってくれよ、と毎回思うけど、やっぱりいつも「いきなり弱点指摘」「いきなり問題解決」だ。

働く女性たちが、男性社会でやっていけないと思うのは、案外、こんな共感の足りなさの積み重ねのせいだったりする。

女が身に付けるべき、最大のビジネスマナー

というわけで、働く女性が身に付けるべき最大のビジネスマナーは、「いきなり弱点を突かれても気にしない」である。

私自身は、相手が突いてきた弱点については、当の相手に相談を持ちかけてみたりする。「そこが悩みだったんです。部長、何かアイデアはありませんか？」というかたちで。男性脳は「問題解決」が大好物。頼りにされて嬉しくないわけがない。

「それをするのが、おまえの仕事だろ」と叱られたら、「はい」とスッキリ返事をするか、「ですよね」とにっこり笑えばいい。男性脳は、「頼られる」の次に「素直な返事」と女の笑顔が好き。どちらに転んでも、好感度が上げられる。

「弱点を突かれたら、相談で返す」は、応用がきく。私はうちの男子たちに何か提案して、「無理だよ。○○はどうするの？」なんて言われたときは、「そうなのよ～、悩みはそこ。どうしたらいいと思う？」と頼ることで返す。男子た

ちのプライドを少しくすぐって、ときにはちゃっかり担当者にしちゃう。

くノ一忍法「頼り返しの術」と、心の中では呼んでいる。「相談を持ちかけて、ときにはちゃっかり担当者にしちゃう」は、同僚にも使える手。男性社会で生き抜こうと思ったら、どんなことも利用しなきゃね。

なぜ、女性は共感したがるのか

ではなぜ、女性は、共感したがるのだろうか。

実は、女性脳にとって、共感は、知的行為の核なのだ。知恵を増やすための大事な基本機能なのである。


女性脳には、過去の関連データを瞬時に引き出すというスゴ技がある。

たとえば、「子どもが熱を出した。どうしよう」なんて立ちすくんだ、その瞬間。母親の脳裏には、何カ月も前に公園で立ち話したママ友達の体験談や、何年も前、自分が子どもを持つ前に見たテレビのワンシーン、20年も30年も前に幼い自分に母や祖母がしてくれたことなどが並ぶのだ。0・6秒とも言われる速さだそうだ。何十年も前の、これまで一度も思い出さなかった体験が引き出されてくることもある。

こうして、女たちは、人生経験を瞬時に総括して、初めてのトラブルにもなんらかの対応策を引き出してくる。生殖リスクが圧倒的に高く、最初の子育てから失敗できない人類の女性たちの間で受け継がれ、進化してきた〝臨機応変力〟だ。

子育てのために進化してきた力だが、子どもを持つ前から難なく使える。

通常の記憶は、時間と共に薄れるもの。思い出さない時間が長ければ、なかなか引き出せない。しかし、女たちは、いったん事が起これば、何十年前の「思い出したこともない、たった一回の記憶」を引き出すこともできるのである。

実は、ある種の体験データには、「感情」の見出しがついていて、その「感情」に紐付けされている。そうして、ある感情が起こったとき、その感情と類似の体験データが一瞬で引き出されるのである。だから、時系列を一気にふっとばす。つまり、私たちは、「感情」を引き金にして、天才的な臨機応変力を発揮しているのだ。

他人の体験談でも、共感して感情の見出しを付ければ、自分の体験と同様に扱える。他人の体験談を知恵に変えるのが、共感という行為なのである。

動揺すると、危機回避能力が上がる

女性脳は、男性脳に比べて、極めて動揺しやすく設定されている。

若い女性は、怖い目に遭えば、しばらく動揺する。「階段から落ちそうになって、怖かった（落ちたわけじゃないけど）」なんて、いつまでも言っている。

しかし、この「動揺」こそが、女性脳の真骨頂＝危機回避能力を上げる秘訣なのである。危険な目に遭った後、しばらく「その出来事」から意識をそらすことができないのは、「危険」に至ったプロセスを何度も脳が反芻《はんすう》しているから。

感情によって、プロセスを想起すると、脳はそのプロセスを何度も再体験することになる。女性脳は、動揺することによって、「危険」直前のプロセスを無意識のうちに何度も再体験して、そこから気づきを得る。すなわち、女性脳は、二度と同じ危険な目に遭わないように、自分の脳を書き換えているのである。

若い女性は、動揺する自分を恥じることはない。そのおかげで、多少、初動が鈍ったとしても、かまいやしない。なぜなら、今日のその動揺が、明日の危機回避能力を作るからだ。

子育ても仕事も、「動揺して、途方に暮れて、落ち込んで」の繰り返しでいい。母親が途方に暮れた回数だけ、子どもを守る能力が上がる。仕事の判断力も同様に上がる。

脳には、無駄なことなんて、一切ないのである。「失敗して、動揺して、途方にくれる」は女性脳にとって、最高のエクササイズ。自分の脳が確実によくなるのだから、よしとして前に進もう。

この世に、欠点だけの脳なんてない

男性脳は、共感も動揺も、女性脳ほど必要としていない。どちらも、狩りの最中には危ないからだ。あっちの谷に落ちそうになったからといって、いつまでも動揺していたら、こっちの谷に落ちてしまう。

男性は、危険な目に遭ったとき、「身の処し方の結果」だけをすばやく記憶して、「プロセスの反芻」は避ける。危機回避能力は上がらないが、危機対応能力が上がる。そう、男とは、懲りずに同じ危険な場所に足を踏み入れるが、その度に身の処し方が秀逸になっていく人たちである。

そう考えてみると、動揺する脳と、懲りない脳が揃って、初めて大切なものが守れるのだろう。前者は危機回避能力を、後者は危機対応能力を蓄えていく脳だからだ。

脳には、欠点だけの機能なんてない。

「ビビりで、ぐずぐず」の脳は、理系の能力が高いことが多いし、「せっかち」な脳にしかできないこともある。

自分もそうだけど、家族の欠点を、その裏に才覚があると思えば、おおらかになれるのではないだろうか。

我が家の息子は、「ぱなし」でビビりでぐずぐずのおかげで、戦略的な理系脳だ。夫は、せっかちで想像力に欠けた所があるけど、フットワークが軽くて、タスク遂行力がある。欠点を直そうとすると、才覚が鈍るので、我が家は、それぞれの欠点を放置する主義だ。

夫のことはともかく、息子については、子育て中はよく周囲から「きちんとさせないと」とか「さっさとさせなきゃ」とか言われたけど、とやかく言って、彼の脳の特性を鈍らせたくなかったので、丁重に受け止めて、いっさい無視した。

今は、スーパーせっかちなおよめちゃんが来てくれて、ぐずぐずの息子を愛おしがって、甲斐甲斐しくなんでもやってくれている。

今日も今日とて、息子の脱ぎ捨てたズボンを拾い、夫の言動にびっくりしながら、日が暮れる。一方で、夫が自転車とばして買ってきてくれた食材を、息子が料理してくれて、およめちゃんは手早く洗濯してくれている。私は、低糖質のバナナケーキを焼いて、みんなの人気者になった（ケーキがね）。

欠点だけ並べれば、かなりのポンコツ家族だが、いいところだけ見れば、最高に幸せな同居生活である。見方さえ変えれば、どの家庭もきっと一緒。同じ家族が、「イラつくポンコツ家族」にも、「みんなで支え合って、まぁまぁいい家族」にもなる。完璧主義で、自他の欠点だけを見つめて生きるのは、ほんと、もったいない。

男子の育て方、ワンポイントアドバイス

ここで、男子の育て方のワンポイントアドバイス。

私は、息子が生まれた日から、息子に言い続けてきたことばがある。「愛してる」と「母も惚れるいい男になって」である。

愛なんて、ことばにしなきゃわからない、と私は思っている。もちろん、暗黙のうちに伝わる愛はたくさんあるが、その「愛の暗黙知」も、ことばによっ

て、あらためてしみじみと味わうことができる。

私自身は、人生のある時まで、父が一番愛しているのは弟だと思っていた。「俺に女なんて無駄なものが生まれるわけがない」と確信していたという父は、ハネムーンベビーの私が女だったことに心底がっかりしたらしい。成長するに至っては、事あるごとに期待される弟に対し、私はなにをしても野放し。愛された実感はあるものの、私は「無駄打ち」だったのだと思い込んでいた。

なのに、私が息子を産んだ時、父がこうつぶやいたのだ。「おまえが生まれた時を思い出すなぁ。本当に嬉しかった。最初の子だったから、成長の一つ一つが忘れられない。弟の方は、そうでもないのになぁ」

私は、びっくりした。愛されて育ったのだと、30歳を過ぎてからしみじみと思い知ることになった。すると不思議なことに、晩酌する父に抱かれて、酒のつまみを食べていた日々を思い出したのである。考えてみれば、甘やかされた娘だった。

親子でも、愛はことばにしたほうがいい。

というわけで、私は息子に、最初から愛を告げることにした。「あなたを愛してる。今まで愛した男たちへの愛を全部足して100倍してもまだ足りない。たぶん、一生で一番あなたを愛するのは母だから、母も惚れるいい男になってね。母を惚れさせないで、誰があなたに惚れてくれるの？」と。

新生児にこれをつぶやいていたら、夫が「誰に言ってるの？」と呆れてたけどね。

しかし、このことばは絶大だった。息子を叱ることがほとんどないのである。「そんなの、男としてカッコ悪いよ」と言えばいい。「靴が放りっぱなしなのは、男としてカッコ悪い」「箸の使い方がキレイじゃないのは、男としてカッコ悪い」「友達におもちゃ貸せないなんて、男としてカッコ悪い」……すると、3歳でも「お、すまない」と言って、行いを正してくれるのだもの。29歳になる今でも、「男としてカッコ悪い」と言えば、事は済む。

我が家の場合、この母の発言に「なぜ？」はないのだ。彼の使命は、母も惚れる男になることだから、母がカッコ悪いと言ったら「以上、終わり」なのである。

息子を育てることになったら、ぜひ試してみて。大きくなった息子でも間に合う。しみじみと愛を告げて、〝憧れ目線〟で傍にいよう。

私は息子に、「○○しなさい」とか「○○できて偉いね」と、上から目線の発言をしたことは一度もない。「○○してほしいんだけど、できる？」「○○した方がいいと思うよ。どうかな？」とか、「○○できるなんて、素敵」とか。そう、まるで恋してすぐの女の子みたいに憧れと尊重視線で話をするのだ。離乳食でさえ、「お口に合うかしら」と言ってたくらい。

それと相談事を持ちかける。問題解決大好きの男性脳だもの。公園で遊んでいてなかなか帰らないときも、「もう、帰るよ。早くしなさい」とは言わない。「このままだと、ママ、カレー作る時間なくなっちゃうんだけど、どうしよう」と相談すると、「じゃ、早く帰ろう」とか「卵かけごはんでいいよ」とか解決策を返してくれる。

あるとき、「原稿、書けない～。締切とっくに過ぎたのに。どうしよう」とのたうち回っていたら、幼い息子が駆け寄って抱きしめて、背中をトントンしてくれた。すると、あ～ら不思議、本当に原稿が書けたのだ。その〝責務〟は、思春期の間もなんとか続いて、今に至っている。別々に暮らしていた学生時代にも、「原稿が書けない」とぼやくと、「今から、バイクで駆けつけてあげようか」と聞いてくれたくらいである。男の子を育てるのは、本当に面白い。

このことは、男性の部下を育てるときにも基本になる。相談事を持ちかけ、頼りにすること。日報などの報告書には、マメに書き込みをしてあげること。彼氏を育てるのも一緒よ。「すごい」「素敵」「こんなの初めて」「あなたが一番」。男は褒めて育てないとね。

女子の育て方、ワンポイントアドバイス

「愛を告げる、頼りにする」は、女の子でも同じだと思う。第1章に書いた通り、女の子は最初から自分を知っている。4歳を過ぎれば、自我のしっかりし

た、観察力もある立派な女性脳である。だから、母親は、幼い頃から、女友達に接するように、娘に話しかけたほうがいい。「〇〇しなさい」じゃなく、「〇〇したほうがいいよ。どうかな?」とか、「早くしなさい」じゃなく「早くしたいんだけど、協力してくれる?」とか。

それと、二番目の子が生まれたときの長子は、男の子も女の子も疎外感を覚えている。今まで何でも一番だったのに、家じゅうがニューフェイスの赤ちゃんを中心に回りだす。特に、観察力のある女性脳(娘)はショックが大きく、キイキイ声で騒いだりしだすかも。キイキイ声は、哺乳類の幼体が、「ここに自分がいることを主張する」声。うるさがらず、かわいそうだと思ってあげてほしい。

それを防ぐためには、何かと声をかけることだ。赤ちゃんに向かう前に、「〇〇ちゃんのおむつを替えるね」、「〇〇ちゃんにおっぱいあげようと思うの」とかね。これも、「女友達と一緒にいる」と思えば、スムーズにできるはず。友達が遊びに来てくれているのに、黙っていきなり、おっぱい出したりしないでしょう？

行為の事前報告は、女子だけじゃなく男子にも効果がある。男の子の場合は、自分が尊重されていることで、責務意識が生まれる。母親を手伝ったり、弟を守ろうとする気持ちだ。このおかげで、「お兄ちゃんなんだから、我慢しなさい」に耐えられる。後々の兄弟げんかが少なくなる。

尊重も優遇もしていないのに、呼び名だけ「お兄ちゃん」「お姉ちゃん」に変えて、都合よく我慢を押し付けようとしてもうまくいくはずがない。子どもにとっては、とても残酷な仕打ちだし、母親に対する不信感が生まれて、思春期や大人になるまでしこりになることだって少なくない。

話は簡単だ。母親が、自分がいることを忘れたように赤ちゃんに向かうから、今まで母親を独占していた長子は不安になる。ことばや視線で、忘れていないことを示せばいいだけ。

デキる女たちは、家庭内にいてもやることが満載、子育ての時間も僅少。最小限のコストで最大限のコミュニケーション効果を生まなきゃならない。ことばひとつで、子どもが母親の愛を信じ、協力者になってくれるのなら、そんな楽なことはない。

家族間のことばは、それがたとえ幼児相手でも、やはり疎かにしてはいけない。ことばそのものを理解しなくても、「尊重している気持ち」は通じるし、幼児の脳には、「出来事をまるっとそのまま記憶保持する」機能がついているので、ことばを理解するようになってから、想起して、追随して理解することもありえる。

母親の失敗が、子どもを大きくする

女の子の自我は日々増大し、思春期にはかなりおおごとになる。

自分に起きた事件が、世界の一大事。髪形がうまく決まらなかったら、一日中、それを人に見られているような気分になる。

そんな女の子に重要なのは、世の中、そんなにあなたのことを見ちゃいない、ということを知らせてあげることだ。

そのためには、母親が世間の目を気にしすぎないことが大事。のびやかに自分のしたいことをする母親が理想なのだ。あそこまで自由でも、あんなに失敗しても、けっこう生きていけるんだ、しかもパパに愛されて、と思わせてあげることである。

というわけで、娘の母である人の責務は、のびやかに輝いて、幸せそうにしていること。失敗もおおいにしてあげて。

失敗して、迷惑かけた人には素直に謝って、経験を明日の糧にして、でもめげない。「正しい失敗の仕方」を見せてあげれば、それは、子どもたちが失敗を恐れずに生きて行くための、大事な心の糧になる（ここは男子も女子も一緒）。

人って、失敗することも案外チャーミングなんだな、と思わせてあげてほしい。

実際、失敗を子どもに見せない完璧主義の母親に育てられると、子どもは失敗を恐れて委縮して、攻撃的でちっちゃな人間になってしまう。もしも、失敗なんて思いもよらない完璧な母親だったとしたら、あえて失敗を演出すべきである。

加えて言えば、娘の父親（夫）の第一の責務は、母親（妻）をのびやかにさせてあげることだ。妻の失敗を責めずに優しくフォローする。妻と娘が言い争ったら、絶対に、妻の味方をする。たとえ、娘の言い分が正しくても、「ママは忙しいから、ついそうなることもあるよ。俺の女を、大目に見てやってくれ」とユーモアで、妻を逃がしてやってもいい。

娘は、なにがあっても妻を照らす父親を見て、「男性像」をつくる。「男は、一度、自分の妻と決めたら、目先の正しいか正しくないかなんて云々せずに、守り抜くんだなぁ」というふうに男性脳を理解したら、ウルトラマン男とも、おおらかに幸せに暮らすことができる。私の本なんか読まなくたって、女の人生を謳歌できる達人になるだろう。

母親の器を超えよう

今言ったように、娘ののびやかさは母親からもらう。息子ののびやかさは、母の憧れ目線によって作られる。

ということは、人は、残念だけど、母親の器をなかなか超えられない。特に娘は、器の小さな母親に育てられると、かなり苦労する。

私の母は、器が大きいというより、器が底抜けの人だった。私が大学の物理学科に合格したとき、「次はノーベル賞ね」と、けっこう本気で言っていた。「興味ないわよ。私は物書きになりたいの」と言ったら、「じゃ、ノーベル文学賞ね！」と嬉しそうだった。

母と一緒にいると、世界の果ても意外に近く、トップに上り詰めるのは、案外簡単なことのように思えたものだった。ダンスにしろ、転職にしろ、私がすることにブレーキを掛けたことは一度もなく、常に、面白がって話を聞きたがった。

実際私の母は、若き日に九州筑豊の故郷を飛び出して、東京で女性大学教授の住み込みの書生になり、かの市川房枝さんと麻雀もした、という大胆な人なのだ。

私の姑も度量のある人で、会社を興すときに相談に行ったら、「人生は冒険だから、やりたいことは全部すればいい。失敗したって、いい思い出になる。何もないよりずっとまし」とぽーんと資金を出してくれ、背中を押してくれた。

私は二人の母の大きさに導かれて、冒険の旅を無邪気に楽しむことができた。感謝しても感謝しても感謝しても、まだ足りない。二人の母がいなかったら、こうして何かを表現できる「黒川伊保子」はいなかった。

私は、だから、この本を書いたのである。

女には、年上の女からしか受け継げない「心の財産」がある。

私が、たまさか運よく母たちからもらったものを、溢れてあまりあるそれを、次世代の女性に分けてあげたい、背中を押してあげたいと思ったから。うちのおよめちゃん一人じゃ、とうてい使いきれない（微笑）。

あなたのお母様は、何をするにせよ、まず心配そうに眉をひそめる人ですか？「でも」「だって」「どうせ」「大丈夫なの？」の「D音ネガティブ語」を使って、未来の失敗を言い募る人かしら？

ブレーキをかけてくる母親を持つ人は、母親のことばを待たずとも、母親の眉をひそめる顔が頭に浮かんで、いろんなことに無意識のブレーキがかかる。本当に難儀だと思う。

でも、恨んでも始まらない。彼女も、よかれと思い、愛情でそうしているからだ。

だから、自分から始める。どこまでも大らかになってみて。相手が大物だからといってビビることはない。同じ人間だもの。誰もが、その人の人生の主役である。誰にも遠慮することはない。

その〝思い癖〟をつけるために、することは二つ。「でも」「だって」「どうせ」「大丈夫なの？」のD音ネガティブ語を捨てること。

もう一つは、人を揶揄しないこと。「あの人、あんなこと言って、○○よね」なんて、人をくさすのは一切やめたほうがいい。脳は、自分がしたことを、最も深く刻印する。人をとやかく言う人は、人にとやかく言われるのが怖くなる。人を裏切る人は、人に裏切られることが怖くなる。

たとえば、合コンの後、あり得ない男子からメールをもらったとき、「よりによって、あいつからもらっちゃった〜」なんて言って仲間内で笑ったら、逆に自分がアプローチしたいとき、怖くてできなくなってしまう。自分の行いは、他人の行いの何倍も怖い。人を信じられなくなるからだ。

人をとやかく言わない人は、無邪気でいられる。器も大きくなる。

人をとやかく言い、他人の目を気にしてブレーキをかけることばを多用する母親を持った人は、その母親を捨てなさい。

もちろん、実際に縁を切るわけじゃない。この人に認められようとして生きるのをやめるということだ。母親に眉をひそめられても傷つかない、という覚悟を決めることだ。

いい？　母親のどんなセリフも、私が、笑い飛ばしてあげる。「早く結婚しないと」「女にはタイムリミットがあるんだから」「あなたには期待したのに」「○○さんとこの娘さんは……なのに」「最近、太ったんじゃない？」「そんなことしてどうなるの？」「やめときなさいよ」「それが、あんたの悪いところ」「あなたには、それは無理」「信じられない」……みんなまとめて、は、は、はーだっ。

同様のセリフであなたを萎えさせる友達がいたら、距離を置いた方がいい。丁重に返事をしながら、言うことは聞かず、会う回数を自然に減らして、遠ざかる。大人になったら、友だちは選んでいいのである。

他人にどう思われるかなんて、ほんっと、どうでもいい。誰かに嫌われても、必ず愛してくれる人が現れる。繰り返し言うが、女性脳は、「感じる機能」だけで存在価値がある。無敵に生まれついている。絶対に大丈夫。

危険なのは、他人の思惑を気にしすぎて、自分が何を感じているのかを見失うことだけ。母親や友達が、その足かせになっていることが案外多いので、どうか、気をつけて。

第3章

男にデキる女と言わせる方法

ここでは、男たちにデキる女と言わせる方法について述べる。

女はそもそもデキる脳の持ち主なのだけど、男には、なかなかそれが伝わらない。男性脳の感知範囲外で、その能力は発揮されているからだ。わかってほしいのなら、わからせないと、何も始まらない。

冒頭にも書いたが、産業界は、男性脳型である。それは、男たちが創りあげた世界だからじゃない。大量の製品を均一の質で作りだし、迅速にコストパフォーマンスよく市場に流通させるという仕組みが男性脳に向いているからだ。直感に頼らず公平性を旨とし、状況の変化に対応できずに愚直にルールを順守できる男性脳だからこそ、産業構造を支えてこられたのだ。

その社会で活躍する気なら、覚悟を決めたほうがいい。ビジネスウーマンは、アウェイにいる。私たちは、アウェイで闘う美しい戦士なのである。

戦士である以上、戦略がいる。その戦略は、女たちの間でしっかりと語り継がれなければいけない。

というわけで、男にデキる女と言わせる方法。

地図が読めない女？

『話を聞かない男、地図が読めない女』というピーズ夫妻の本が世界的ベストセラーになったのは2000年ごろのこと。これが男女脳ブームを生み出したため、「女は地図が読めない」と思い込んでいる人が本当に多い。けれど、これ、本当は違う。

正確には、女性脳が理解しやすい地図と、男性脳が理解しやすい地図が違うのである。世の中に流布している紙ベースの地図は、実際の距離に正比例させたもので、女性脳には理解しにくいスタイルだ。なので、どうしても「女は地図が読めない」と見られがち。

女性脳は、「主観」が発達している。自分に必要なものは大きく鮮明に意識に映り、「楽しい道」と「そうでない道」では、感じる距離感が大きく違う。なので、絶対距離で正確に書いた地図よりも、「嬉しいランドマーク」を大きく書いて、それをたどるようにして道順を描いたマップの方がわかりやすい。面で広がる地図よりも、目的地まで、すごろくのように線でたどれる方がありがたい。

そんな「主観でデフォルメする脳」で、絶対距離の縮尺で書かれた殺風景な地図を見るには、脳内で一度、自分向けに変換をしなければならないので、少し手間がかかる。対面で折り紙を教わるようなものだからだ。

男性脳の世界観の中で、もがくあなたに

こうして、男たちが作った世界観の中で、女性の能力が実際より低く見積もられていることは、実はけっこうあることなのだ。ビジネス界は、男性脳が創りあげた世界なので、特にそう。

男たちのやり方がどうにも合わないときには、そのことを思い出して。彼らにはそのやり方が気持ちいいことを腹に落として、できるだけ付き合ってあげるものの、その上で、自分のために改革できることはする。

何より大事なことは、自分が同じようにできないことを、自分の能力の低さのように感じて落ち込まないこと。頑張りすぎて、自分の才覚を台無しにしな

いこと。女性がキャリアシーンで長く活躍するには、その認識が必要なのである。

男にデキる女と言われるために重要なのは、男たちのやり方を、男と同じかそれ以上にうまくこなすことじゃない。多少の苦手があって、周囲にフォローしてもらってもかまわない。その代わりに、女性脳の長所で男性たちを支えればいい。

女にできないことなんてない

世の中の男女脳論を私はあまり好きじゃない。好きじゃないから、自分で書き始めたのである。

世の男女脳論のほとんどは、「女にできない」「男にできない」と、できないことを言い放って終わりにするからだ。

女にはできないことなんてない。男性脳の世界観で作られたビュー（ものの見方）が、わかりにくいだけ。しかも、そのおかげで、男性には見えないものが見えている。

一方のビューでみれば、確かにできないように見えるのだろうが、そもそも土俵が違う。錦織圭くんにスケート靴を履かせて「テニスプレーヤーは、ジャンプが飛べない」と言っても超ナンセンス。「女は地図が読めない」「男は話を聞かない」なんていう言い方は、それに近い。ま、話題の糸口としては面白いが、話をそれで終わりにしないでほしい。

男性に道を教えるときの3つのコツ

最近は、カーナビがあるから、ずいぶん「地図が読めないことに端を発するケンカ」は減ったのじゃないかしら。二人とも知らない道なら、ナビの言うことを聞けばいいのだから。

それでも、女性が自分の知っている道を、口頭で教えるというシチュエーションはあるだろう。そんなとき、デキる女と言わせるポイントは3つ。①最初に、行き方の概要を告げる、②走っている最中は、早め早めに次の行動を予告する、③うまくいったことを細かく確認してあげる、である。

最初に「行き方の概要を告げる」というのは、「靖国通りから、外堀通りを抜けて、皇居正面に出るわね」のような、大まかなルートの宣告。男性脳は、全体を俯瞰すると安心するもの。それがなくて、いきなり「ここを右」みたいな小刻みな指示で始まり全体が読めないと、不安になりイラつくのだ。

そして、早め早めの予告を重ねていく。「3つ目の信号を右折するから、右に寄っていてね」「そのうち、右に○○銀行の看板が見えてくるから、それが右折する交差点よ」のように。

さらに、面倒だが、ポイントをクリアしたら、「いいわ」「OK」「よし」のような確認をしてあげよう。

全体が見えて、「少し先、少し先」が次々と見え、細かいゴール確認をしてくれたら、男性脳はとても安心して、導いてくれる人を信頼する。

そして、このことは、ビジネスにも言えるのである。

女性上司の死角

男性脳からの好感度が高い指導スタイルは、①全体が把握できること、②少し先、少し先が常にわかること（ゴール設定が細かいこと）、③ゴール確認がしっかりなされることの3つだ。つまり、中長期・短期計画と日報週報は、男性脳の大好物なのである。

女性脳は、臨機応変の天才だ。時々刻々変わる状況に合わせて、ダイナミックにやり方を変えられる。ルートセールスなら、その日の天候や世の中で起こった出来事、最初のお客様との会話などでどんどんインスピレーションを得て、やり方を変えていける。

そのことを脳が知っているから、先の計画を書けと言われても、脳が「始まってみなきゃ、本当のところはわからない」と感じて、虚しくなってしまう。日報や週報は、お給料をもらうために必要なので書くが、そんなに熱心になれないというのが本音じゃないだろうか。そうはいっても、自分のそれはさぼることはない。女性は勤勉だからね。ただ、死角があるのである。男性部下のそれに熱心になってあげられないのだ。

私はよく、男性上司に「ホウレンソウ（報告、連絡、相談）が足りない」と言われた。私にしてみれば、時間の無駄に思えたのだった。新しいアイデアが生まれても、男たちの「問題点の指摘」で話を進めるスタイルに巻き込まれると、思考が停止してしまう。それに、男女では段取りの仕方が大きく違うので、男性上司に細かいことを言われると、どんどん混乱してしまうのである。放っておいてもらえるのが一番助かったし、実際成果が上がった。そんなふうに感じている女性は、きっと多いはずだ。

自分が放っておいてほしいから、デキる女性上司は部下を放任する〝努力〟をする。基本的に細かいことを言いたがらない。

しかしながら、男性脳は、これが不安なのだ。道を教えるのと同様に、全体の方向性を示した後は、細かいゴール設定をし、達成したことをいちいち確認していく必要がある。もう、お気づきでしょう？　これこそが日報や週報の役割なのだ。男性部下の日報週報には、自分が思っているよりもしっかり反応してあげたほうがいい。

ゴール設定は細かく、ゴール確認は手を抜かないこと。キックオフミーティングや打ち上げも軽んじないほうがいい。

プロジェクトの山場になれば、毎日残業ということも多い。完了すれば、早く帰って美容院にも行きたいし、家族サービスもしたいのが女心だけど、男性部下をお持ちの方は、打ち上げでねぎらうことが意外に重要なのを知っておこう。


「部下が育てられない」は、女性によく貼られるレッテルだ。これは、「地図が読めない」と同様に女性脳の「臨機応変さ」という才覚によってもたらされた誤解なのである。

自分が「たいていのことは、直感でテキトーにやればできる」し、「放置されても大丈夫」だから、相手にもそれを期待し、許してあげる。その信頼が、愚直な（精緻な）男性脳を不安にさせてしまうのだ。

家庭の中でも同じ。「言わないでもわかるよね」がいっこうにわかっていないので、やってほしいことは「やって欲しい」と甘え、そのやり方を手とり足とり伝え、さらに感謝のことばを降るように言わなければ、夫も息子も動かない。

男女は平等だが、同じじゃない。この違いをしっかり認めないと、男性脳社会の中で、無駄にもがくことになる。

男性脳は音声認識機能が停止する(!)

「話を聞かない男」にも、誤解がある。

男は、話を聞かないんじゃなくて、聞けないのである。なぜならば、男性脳にとって、おしゃべりは危険だからだ。

よくよく考えてみてほしい。男性脳はずっと、狩人の脳として進化してきたのである。森の中で、狩人は寡黙だ。風や水の音、木の葉を踏む音の反響音で、先の地形の変化を探り、獣の気配を感じなければならないからだ。

さらに、時々刻々、目に映る風景を認知して、ランドマークを感知したら、それを脳内の仮想地図にプロットしなければならない。そうしないと、元の場所へ帰ってこられないから。

狩人の脳は、めちゃくちゃ忙しいのである。このため、男性脳では、「おしゃべりに使う領域」が、女性脳の数十分の一にすぎない。女たちが、自分と同じ脳だと思って、いきなり全開で話しかけても、その内容を理解できようがない。……ということを、女性は知らなければいけない。

驚きの事実を告げよう。男性脳は、目的のわからないおしゃべりに巻き込まれると、脳が危険を察知して、なんと音声認識機能を停止してしまうのである。音声認識機能が停止すると、音声がことばに聞こえない。ある男性芸人の方は、「ときどき、妻の話がモスキート音に聞こえる」と表現した。遠く小さな、意味のない音声である。「ほぇ〜、ほぇほぇ、ぴ〜。ほぇ〜」みたいに。

女性脳は、起きている間中、音声認識機能を停止することがない。たとえば、キッチンの水音に紛れて、家族の話が「聞き取れない」ことはあっても、目の前の人の話が、遠く小さなモスキート音になるなんて、私自身は経験したことがない。

しかし、男性脳の神経信号図を見ると、「覚醒しているのに、音声認識機能の信号を断った様子」が確認できる。男性脳とは、かくも狩人仕様なのである。

私は夫に、ある実験をしてみた。「今、私の話がモスキート音になってるな」と感じた瞬間があったので、桃太郎の話を挟んでみたのだ。「昔々なんだけど、おじいさんとおばあさんがいたわけ。それでね、おばあさんが川に洗濯に行ったんだって。おじいさんは、山に柴刈りよ。それがさぁ」といった具合に。彼は桃が流れてくるまで気づかず、上手に相づちを打ってくれた。実験成功である（微笑）。

しかし、笑ってはいられない。「上手に相づちを打つ」は、大問題だ。夫婦生活も長くなると、妻の話し方のリズムがわかってくるので、夫は阿吽の呼吸で相づちを打つ。だから「言ったのに」「いや、聞いてない」が起こるのである。

「来週の火曜日だけど、チームの送別会があるから、保育園のお迎え、お願いできる？」「うん」「仕事何とかなる？」「ああ」みたいな展開がモスキートトークだと、月曜日の晩に「明日お願いね」「え、何のこと？」「言ったよね（怒）」となってしまうわけ。

「私、言ったよね？」をどれだけ言ってきたか……ということは、どれだけモスキート音だったんだ⁉と、私は愕然としてしまった。

自分の話をモスキート音化しないためには、女性の側にコツがいる。男性脳は無意識のうちにスイッチオフするので、彼らには止めようがないのである。

話し始めの3秒ルール

とにもかくにも、話し始めは、ゆっくりと。

男性は、黙っているときには、しばしば言語領域のスイッチを切っているから、話し始めはゆっくりと、が基本。

相手の視界に入り、「○○さん」と声をかけ、2～3秒待ってから本題に入る。この間に、男性脳の音声認識機能が整うのである。いきなり、背後から「例のあの件だけどさぁ」と本題に入ってまくしたてると、何を言いだしたのかわからない。

また、「どういうこと？」「どう思うの？」なんていうふうに相手の意向を尋ねたときは、しっかり待ってあげよう。

実は、女性たちは対話力が高すぎて、相手の会話の途中で先を予測し、答えを作り上げており、なんなら、相手の話の終端部にかぶせるようにして話し始める。「どう思う？」なんて水を向けられたら、「思う？」が終わらないうちに、「それはさぁ」と話し始めるわけ。ことばはかぶせないまでも、同意のしぐさや前向きの表情をいち早くしてあげるのが女同士のセオリー。

男性の場合は、ここで間が空くのだ。しぐさも表情もなく、ただ固まる。思考するときに、空間認知の領域を多く使うために出てくる特徴で、若い男子などは、「遠くを見るような目」になったりする。

この間が、女性脳をいらだたせるのだ。こちらの話を聞いていないかのように、あるいは心がかたくななように感じてしまうから。で、頭の回転の速い女性上司ほど、数秒も待てずに「なんで言えないの？　問題意識が低いんじゃない？」なんて、ついかみついてしまうのである。

ことばの話し始めの速度が最も速く、一単位時間に入っているワード数が最も多いのは、脳の対話力が最高潮に達している30代後半から40代の女性たち。この世代が、若い男性たちに最も怖がられている。仕事ができるからなんていう概念的な理由じゃない。ことばで追い詰めるからなのである。

アラフォーの脂ののったキャリアウーマンと、若手男子が会話をするなんて、高速交差二重跳びに、いきなり入れと言われているようなもの。ここはどうぞ、ゆっくりと縄を回してあげてください。

結論から言う、数字を言う

話し始めをゆっくりと、と同じくらいに大切なのが、結論（話の目的）を最初に明らかにすること。加えて、ポイント数も最初に明らかにしてあげたほうが格段に信頼感が上がる。

「企画書の変更点について、話があるの。ポイントは二つね。一つめはここ」という切り出し方である。家庭でも一緒だ。「お母さんの三回忌について、相談があるの。ポイントは3つ。いつやるか、どこでやるか、誰を呼ぶか」というふうに言ってあげれば、男性脳はノンストレスで対話に参加できる。

なにせ、対話に使える脳の領域が狭い人たちなので、「言われたことをどさっと仮置きする」のが難しい。「実は、3カ月前にこんなことがあって、先月もこんなことがあって」などと、目的も告げずにプロセスを延々と話すと、男性脳はおおいに疲弊してしまうのである。さらに先に述べたように、「長いおしゃべり」に巻き込まれると、本能的に身の危険を感じる脳の持ち主。目的のわからない話が2分以上続くと、音声認識機能を停止してしまう男性脳も少なくない。最初に目的を言うこと。これは、お風呂に入る前に服を脱ぐ、くらいに当たり前にしなければならないことなのである。

また、「ポイントは3つね」などと属性数を限定されると、脳の領域をしっかり確保できる。これだと、ごそっと聞き逃す心配が少なく、安心して話を聞けるのである。

男性たちを安心させるのは、彼らのためじゃない。女性たちの身を守るためだ。「結論から言わない、ついでの話をする、寄り道もする」の女性脳型のしゃべり方に混乱させられた男たちは、自分の対話力が低いことを棚に上げて、「うちの上司（妻）は、話が取っ散らかってて、わかりにくい。頭が悪い」と思い込む。部下や夫の信頼をそんなところで失うのは、あまりにももったいないのでは？

女性取締役に問題あり？

さて、先ほど、狩人は、風や水の音で、地形の広がりや獲物の気配を知る、と書いた。現代の男性脳にとっても、音は大事な認識ファクターなので、〝空間の音〟を占有されると、女性脳の想像をはるかに超えて不快に感じる。誰かに大切にされたかったら、大きな声で延々としゃべらないこと、と前章に述べた。

この「場の占有率」への配慮に欠けることは、ビジネスシーンにおいては、さらに深刻かもしれない。

とある企業のコンサルティングの際に、「女性取締役の長い話に辟易する。あれはどう制御したらいいのか」と尋ねられたことがある。昨今、世情と政府の女性活用政策にのっとって、企業は女性取締役を増やす必要に迫られている。一般企業では、まだ50～60代の女性人材が少ないので、社外取締役を迎えるところも多い。そんな中、実は、この悩みは、よく聞くのである。

取締役会では、多くの判断をくださなければならない。取締役たちは、会議資料を受け取ったとき、事案一件にかけられるおおよその時間を直観で割り出す。2時間の会議で5事案あれば、のりしろを考えれば一件約20分。となれば、一次案のなかの起承転結にそれぞれ5分。取締役の数が7人、というふうに考えると、意外に個人の発言に時間をかけられない。それをベテランの男性脳は、体感で知っている。

そこへ、新参の女性社外取締役なんかが入ってくると、おおいに混乱させられるのだ。男性にしてみれば、「些細な事案に大騒ぎして、とうとうとしゃべりまくり、時間と周囲の気力を奪っていく」ように見えるシーンが生じてしまう。

女性取締役にしてみれば、その一点にこそ、この会社の良さや悪さが集約しているように感じているのである。他の事案を1分で済ませても、このことは、じっくり話し合うべき、と使命感に燃えているはずだ。それもまた正義だし、長い目で見れば会社にとってはありがたいことなのだが……しかし、ここでは、それをしてはいけない。

取締役会の第一使命は、迅速な判断にある。もちろん、戦略がなければ判断は下せないのだが、戦略は仲良しこよしのおしゃべりで決めるものじゃない。

脳の特性上、俯瞰的な戦略は孤高の時間にしか浮かばない（これは男女とも一緒）。それぞれの孤高の時間に培ったものを持ちよるのが戦略会議だ。「おしゃべりしてる間にアイデアが浮かぶかも〜。とりあえず、集まっちゃおう」というのは、女性脳にしかできないウルトラCなのだ。

というわけで、長い男性社会の歴史の中で、トップの経営戦略会議ではなんとそれが大事な真理を突いていた。「ちょっと思いついたインスピレーションで、傍流の話題を盛り上げたら、なんとそれが大事な真理を突いていた」というようなことは起きなかったし、期待されてもいないのである。あえてそれをするときは、「私に、５分ほどいただけますか」などと宣告して、「掟破り」であることを覚悟の上に一歩前に踏み出すのである。

この繊細な境界線をヅカヅカと乗り越えて、いきなり「私に言わせればぁ」とか「それって、どうかな。だって」と切り込む女性を想像すると、身がすくむ思いがする。しかも、私自身がやってきたのだから、余計ぞっとする。

まぁ、私の場合は、コンサルタントなので、「気づいて、切り込む」がお仕事だし、自分の会社自体は小さなベンチャーなので、このやり方でしか（斬新なインスピレーションでしか）生き残れない。しかし、外部組織の幹部になるときは、細心の注意を払うべきだと肝に銘じてはいる。要は、女性脳という〝飛び道具〟の使い方に気をつけろ、ということだ。

ちなみに、私の知っているいくつかのケースで言えば、周囲から信頼されて、学会や協会の理事に、あるいは取締役に、と望まれる女性は、控えめで、じっくり人の話を聞くタイプが圧倒的に多い。女子会では、最後に発言するタイプである。スター性のあるキャリアウーマンは、意外にそこにいない。

本人は「あんまり斬新な意見も言えず、役に立っているかどうか……」なんて謙遜するのだが、それでいいのである。「女の斬新」は10回に一回でいい。そのほうが、男たちを動かせる。

男性脳会議と女性脳会議

男たちにとって会議とは、「迅速な判断と情報共有のために行うもの」であって、女たちにとっての会議「インスピレーションを持ち寄って、おしゃべりをして、真実を探求するもの」とは、まったく意味合いが違うのだ。後者の感性会議は、長らく男性たちは、夜の銀座とかで行ってきた。

私に言わせれば、「男性脳会議」と「女性脳会議」、どちらも企業に必要不可欠で、シーンによって使いわけなければならない。なのに、お酒や場を和ませる女性の助けがなければ感性会議ができないなんて、男性脳のなんと不器用なことよ。

決議のための会議は、当然、男性脳型で行われていい。しかし、開発やマーケティングのような新発想と豊かな展開を必要とする場合は、これとは別に、「最近、こんなことがあって」「この件については、ずっと思っていたことがあって」を語り合える場所を創生すべきだ。お酒の助けなど借りずに。

一つの会議の中に混ぜるという手もあるが、いっそ潔く、「今日は感性会議です」と招集して、レジュメも決議目標もない会議を誘導するという手もある。

女性の数が半数を超えれば、自然に会議の半分は女性脳型になるのだが、それを漫然と混ぜてしまうのは危ない。特に、男性社会に最初に入り込む「少数派の女性」がそれをしてしまうと、「女性には知性と教養が足りない」と勝手に思い込まれて、自分のみならず女性全体の評判と信頼性を下げてしまうからだ。現に「女性取締役は厄介だ」は、多くの企業トップたちの「けっして言えない本音」になってきている。

男性が意地悪なわけじゃない。女性が愚かなのでもない。互いに「脳が気持ちよく活性化する方法」が違うだけ。

アウェイで闘う美しい戦士として、ここは油断できない。

会議で占有していい適正な時間と、エネルギー（押しの強さの強弱）がある。判断のための会議であれば、ここをしっかり見極めて。

一方で、企業や組織は、正式に「女性脳会議」を導入すべきである。レジュメのない、思いついたことを話し合う場の創生だ。それは、女性のためだけじゃない。

新型コロナウィルスのショックで、人類はもう、前のように無邪気に触れ合えなくなった。今回のCOVID‐19に関しては鎮静化するかもしれないが、人類は、世界人口80億に迫る過密な地球で、「変異型の、得体のしれない感染ウィルスの出現による、突然のパンデミック」というリスクを抱えていることに気づいてしまったのだ。共に飲んで、触れ合って、感性のリミッターを外す、なんてこと、これからは、そうそうしてられないかも。自然にそれをしてしまえる（廊下ですれ違っただけでも）女性脳には痛くもかゆくもないが、「目的と判断」の会議しかできない男性脳にそれができなくなったら、企業は展開力を失ってしまう。

女性たちのやり方を導入することは、アフターコロナ時代を企業が生き抜く、大事なポイントではないだろうか。

私たち女性は、少数派として男性組織に参加するときは、無防備に女性脳を全開にしてはいけないが、かといって女性脳を捨ててしまったら、「亜流の男性脳」として生きて、男たちもろとも、時代の波に呑み込まれてしまう。自分らしく生きて、ついでに周囲の男たちも救ってあげればいい。

そのためにはまず、「無駄に大きな声でしゃべらない」「無駄に時間を占有しない」の心がけ、である。

女は自分も知らないうちに大人になる

さて、場の占有率だが、実は、声の大きさや時間だけの問題じゃない。同じ言動をしても、若い女性よりは、大人の女性の方が高くなる。

理由は、3つほどある。年を重ねてくると、声に圧が出てくること（しなやかな声帯から、厚く硬めの声帯に変わってくるのかもしれない）、話し始めが究極なまでに速くなること、さらに判断に揺るぎがなくなってくるからだ。

ある心理学者が、女性の年齢は「言いきりのよさでバレる」と言った。20代までの女性は、意見を言うときに「○○です（と思うんですけど……ですよね）」という風情になるという。しかし、30代半ばになってくると、「○○です」と言い切るようになり、50代にもなると、それが間違っていると指摘されても、まったく悪びれない。むしろ「私には、そう見えたんですけど……なにか？」という圧を感じさせる、と。

私はさもありなんと思った。女性脳は「感情や感覚をトリガー（きっかけ）にして、類似の体験記憶を瞬時に引き出し、直感で判断する」脳だ。このため、女性脳は、体験が豊富なほど、判断材料が豊富で、判断の精度が高いのである。生きた時間が長くなれば、脳が確信をもって答えを出力してくるので、当然、言い切りがよくなる。

それはもちろん、素晴らしいことなんだけど、「本人が知らないうちに」なのが、少々問題。女は、いつまでも自分が若い娘のつもりでいると危ない。30歳を過ぎたら、どんなに若々しく見えても、自分に迫力が出てきたことを認めたほうがいい。そうでないと、職場で無駄に圧の高い女になってしまう。

私は、30代の初めに受けた管理職教育で、トレーナーにこう言われた。「黒川さんは、自分が20代のつもりで無邪気に会話していますね。その娘みたいな気持ちは捨てなさい。30を過ぎたら、女性の会話には迫力が出る。一言一言が、相手に圧があるんです」

ことの発端は、私の褒め癖。私は、部下たちのいいところに気づいたら、即褒めるようにしていた。たとえば、プログラム設計会議で、変数のネーミング一つにも「この変数名、センスがいいね」というように。

ところが、これがのちに大問題を引き起こす。

男性部下の一人がメンタルダウンして長期休暇を取ることになった。会社看護師に呼ばれて、上司として報告を受けたとき、私は衝撃を受けた。彼がメンタルダウンしたのは、「私に一度も褒められたことがなかったから」だというのだ。

私は、チームメンバーを降るように褒めたのだが、そんな中、彼は一度も褒められたことがなかった。私はそのことに気づいてもいなかった。彼は「普通に優秀」で「平均の答え」を出すので、特段、私の感性にひっかからなかったのだろう。企業としては最も必要な人材タイプである。私は彼を信頼し、つまずきがちな他のでこぼこメンバーを、褒めて盛り立てていたのだ。

ビジネストレーナーの説明は、私の胸にしみた。「あなたの褒めことばは、それだけ重いってことです。褒めて育てるのなら、個別に褒めたほうがいい。人前で褒めるのなら、まったく褒められない人が出ないように、チェックリストを作りなさい」

吹けば飛ぶような娘だったときは、私の褒めことばなんて、会話を盛り上げるアクセントにすぎなかった。なのに、大人のキャリアウーマンのそれは、男性脳に突き刺さる。いい意味でも、悪い意味でも。

これは、複数の子を育てる母にも言えるのかもしれない。つい長子に期待して、あるいは末っ子を見逃して、手のかからない中間子に油断して、叱るだけの子、放置される子ができてしまっているかも。「自分だけが声をかけられない」も傷を残す。子どもにとって、母は神である。上司のように替えも利かない。

自分の一言の重みを、今一度、思っていただきたい。

人生のロマンティックを永続しよう

50代にもなれば、「一言の重み」は極まる。それは、最高のビジネスの武器になる。

私は、30代半ばに、職場で悔しい思いをしたことがある。

当時の研究プロジェクトの中長期戦略について、今思っても非常にいいサジェスチョンをしたのに、あっさりスルーされた。でも、悔しいのは、そのことじゃない。

その翌月、50代の女性ジャーナリストが、お高いコンサルタント料をもらってやってきて、私の言ったことのほんの触りを言って帰った。その発言に、直属の上司から経営陣に至るまでいたく感動して、現場で何度も訓辞を垂れたのである。曰く、「やはり、女性の感性には、一目置くべきものがある」

なんだそりゃ、である。その前月に、私はまったく同じキーワードを使い、同じことを提言した。しかも、私の方には、具体的な展開案までついていたのに。なのに、すっかり娘扱いされて、会議室を追い出された。有名なジャーナリストのことばなら彼らの心に届くのに、女子部下の発言はまったく届かないのだ。

そのときは、「この人たちはバカなのか」と思ったけれど、今ならわかる。要は回答ではないのである。どの経験知を通して出てきた回答なのかが重要なのだ。

学生時代の試験勉強と違って、ビジネスの現場には「たった一つの正解」があるわけじゃない。正解は複数あるかもしれないし、ないかもしれない。何が正しいのかわからない以上、「どの回答なのか」よりも「どの経験知をもって出した回答なのか」は、最重要なのである。

私にも、それから20年以上の年月が降り積もった。勤労意欲はあまり高い方ではないが、長く生きれば、それなりに経験が増える。自然に、数多くの失敗を乗り越えてきた百戦錬磨のビジネスパーソンになった。30代とは比較にならないほど、多くの人に耳を傾けてもらえる。

それは、有名であるとか肩書があることとはまた別の話だ。たとえ、肩書を持たなくても、「今の社長の、ぺいぺいの時を知っていて、会社の歴史を見つめてきた（ときには歴史を作ってきた）」人の発言は、軽んじられやしない。多くの50代の働く女性たちが、きっとそれを感じているのに違いない。大人になるのは、歓迎すべきことだ。

しかしながら、大人の迫力を放ち始めるころ、本人はそれを自覚していない。迫力があるのに、いつまでも娘のような口を利いていると、周囲をおびえさせ、深刻な不信感を招いてしまう。

40代に、私の男友達が、「きみは、魔法の使い方を間違ってるよ」と言ってくれたことがある。30代の初めに肝に銘じたつもりだったのに、どうしたって、自分の圧の〝成長〟に、自分の気持ちが追いつかない。「素の気持ち」は14歳のときと、ちっとも変わらないのだもの。

ちなみに、大人の女性は、この「一言の重み」で、若い男子にモテたりする。

そりゃそうでしょう。20代の女性に「○○さんて、すごい。世界一」と言われたら、嬉しいだろうが、それで大人の男が自分の評価を上げたりはしない。きみ、どれだけ〝世界〟を知ってるの、って感じだろう。けど、デキる大人の女に「あなたのそのセンス、なかなかないわ。素晴らしい」と言われたら、世界をもらった気になるものね。これは、女同士だって一緒だ。

女は無邪気を失って、迫力を手に入れる。それはそれで、悪いことばかりじゃないのである。

とはいえ、大人の恋は、この一言の重みで、相手を火炎放射器で焼いてしまうこともある。「ひどい」「あんまりよ」「信じられない」のようなセリフもまた、若いうちならじゃれているように聞こえるのに、大人のそれは圧がある。心に刺さるどころが、心を焼いてしまう。若いときのように無邪気に感情をぶつけていたら、相手が大やけどをしてしまうことも。私は、ロマンティックな男友達を、それで二人は失っている（気づかずに、もう何人かいたかも）。今思えば、とても残念。「魔法の使い方」を間違ったのである。

あなたはどうか、間違わないで。無駄に圧の強い女になって、職場の「腫れもの」になったり、男性に縁がないと言いながら生きることにならないで。人生のロマンティックを、おばあちゃんになっても楽しめるように。

もちろん、「いっそ、それがさばさばしていていい」と言い切れるのなら、それもまた女の道。私は、その考えも祝福する。ただしその場合は、「あの男は気が利かなくてダメ」というセリフは吐かないほうがいい。その同じ男に、ちゃんと丁重に扱われてエスコートされている女性もいるので、「自分の対男性コミュニケーションの失敗」を露呈することになるからだ。どの道を選んでもいいけれど、私の読者が、周囲にカッコ悪いとだけは思われてほしくない。

感性の呪縛を乗り越えよ

男性脳は、生き残るための戦略として、おしゃべりの領域を縮小し、おしゃべりに巻き込まれないように脳を使っている。おしゃべりは、命を脅かす「悪」なのだ。

女性脳は、何万年も「周囲と共感しあって、おっぱいを融通し合ったり、子育ての知恵を交換し合ったりする」ことで子どもの生存可能性を上げてきたので、おしゃべりこそが命綱である。日常の、なんでもないことを、とりとめもなくしゃべれる女子こそが生き残ってきたのだ。

どちらも、その感性に、命が懸かっている。このため、脳は、一瞬の迷いもなく、「自分の感性」に従う必要がある。つまり、自分以外の感性が、この世にあるとも思っていないのだ。

話がすれ違ったとき、男は女を「感情的で、取っ散らかっていて、信頼に足りない」と感じるし、女は男を「わかってくれない。わかろうともしない。ひどすぎる」と感じている。相手と自分の通信プロトコルが違っていて、コミュニケーションが成立していなかったなんて、どちらも思いもよらない。これこそが、男女のミゾの正体なのだ。

そして、だからこそ、学校で教えてくれないのである。

何万年も男女は違っていたのに、21世紀になるまで、誰も男女のミゾの正体を言い当てていなかったのだ。

偉い学者までもが「女も、教育さえすれば、男と同じになれる」と言っていた。私に言わせれば、それこそが上から目線（怒）。女性脳が、男性脳と同じ愚直な脳になっちゃったら、誰が、家族の危機を未然に守り、しなやかに家事を回すのだろう。女性脳の才覚をなめちゃいけない。

そして、女性たちは、「愛さえあれば、私の気持ちを察してくれるはず」と信じてきた。いやいや、愛があるからこそ、妻を見やしない、誠実だからこそ、妻の欠点をあからさまに指摘してくるのである。

相手が、自分と同じ脳の持ち主だと思い込むな。

よかれと思ったおしゃべりを、「取っ散らかってて、判断力がない。長々と主観でしゃべって、全体のバランスがわからない。女はやっぱりダメだね」と片づけられてしまわないように。

女が才覚を発揮して、出世するのに必要なのは「感性を磨くこと」なんかじゃない。男性脳との通信プロトコルを整備することだ。自分と違う感性の脳と、どうコミュニケーションをとればいいのか知るってことだ。感性なんて、誰もがふんだんに持っている。誰もが、何万年も生き残ってきた脳の持ち主なのだから。

男性上司はなぜわかってくれないのか

男性脳は、ゴール指向型だ。

「ゴールはどこか」「問題点は何か」をできるだけ早く探り出そうとする。そうして、最小コストかつ最短時間で、成果を挙げるためにフル回転する。これが、ときに、女性を傷つける。

例を挙げよう。

ある開発チームの女性リーダーの話。

――チームに不測の事態が続いた。ユーザからの要件変更が、あらぬ時期に度重なった。一つ一つは対応できないことではなかったが、総体として動きが取れなくなった。メンバー間で流行ったインフルエンザも打撃になった。こうなったら、来月の目標を下方修正して、チームを立て直したい。それを、上司である所属長に伝えなければならない。

ところが、上司は、いちいち「こうすればよかった」「目論見が甘かった」「その対応は、ここがまずい」と女性リーダーのやり方を否定してくる。全部自分が悪いと言われているようで、彼女はとうとう「目標の下方修正」を言い出せず、死にたい気持ちで職場に戻ったという。

上司はわかってくれない。彼女は頭を抱えた。

なぜ、上司は、話を聞いてくれないのだろうか。

理由は明確である。最初に話の目的を明らかにしなかったからだ。自分と、チームに起こった不測の事態を、悲しい感情に乗せて、「奏でて」聞かせたのが間違いだった。

共感型のリーダーなら、その物語に心を寄せて、ねぎらい、なんなら上司自ら、目標の下方修正を言い出してくれるかもしれない。この女性リーダーは、それを期待したのである。

しかし、問題解決型のリーダーは、「最短で問題解決する」ことを旨に脳を動かしているので、起承転結の「起」から食らいついてくるのである。「不測の事態」を一つ言われた瞬間に、それがゴールだと早とちりし、解決策を言ってしまうのだ。「あ、ゴール！　キーック！」てな感じだ。悪気なんかさらさらない。大切な部下を育て、援護するために、すばやくそれをしているのである。

このケース、上司には、なんら落ち度はない。むしろ、デキる、思いやりのある上司だ。悪いのは、ゴールを無駄打ちさせた部下の方である。なのに、「いちいち、私が悪いと責められて」と逆恨みするなんて、上司の視点から見れば、「仕事はよくできるが、論理力に欠け、逆境に弱い。リーダーシップに問題あり」に見えてしまう。

誠実な上司に、察しのいい部下。二人にはなんの落ち度もないのに、話はすれ違い、部下は「上司はわかってくれない」と絶望し、上司は「彼女には期待していたのに、残念だ」などと評価を下げてしまう。

こんな悲しいことはない。

なにがあっても、「ゴール」を最初に掲げよう。結論（目的）から言う。そこに、あなたのビジネス生命がかかっている。

言いにくい話にはキャッチフレーズ

ただし、「目標を下方修正したい」なんて、いきなりは言い出せないでしょう？そんな身もふたもないことから始めなくてもいいのである。後ろ向きの提案には、前向きのキャッチフレーズをつけると言いやすい。

「顧客満足度の向上と、チームの意欲向上のために、来月の目標を下方修正します」のように。「前向きな目標」と結論をセットで言うのだ。

すると、上司は必ず「どういうことだ？」と聞いてくるので、「聞いてくださいよ。ここのところ、たいへんなことが重なって…」と、状況を訴えればばいい。

ゴールがわかっているので、問題解決型の上司も落ち着いて経緯を聞いてくれる。時には、優しい同情も寄せてくれる。

私は家庭でもこれを使う。「家族みんなのしあわせのために、今夜、お母さんはご飯作らないね」

男子たちが「え〜っ」と振り向いたところで、「それがさぁ、こんなことがあって、あんなことがあって、ご飯なんか作ったら、ストレスで爆発しちゃうかも」と訴える。「そりゃ、たいへんだ。ピザでも取ろう」ってなことになって、一件落着。

これを、「こんなことがあってさぁ」のほうから始めると、話半分で聞かれた上に、「きみもさぁ。そこがダメなんだよ」なんて無駄な説教されて、挙げ句「ご飯を作らないって、どんなわがまま？」と思われて、リビングが暗い海に沈む。

それほど本人の能力が突出しているわけでもないのに、上司に可愛がられ、顧客に愛され、部下に信頼を寄せられる人がいる。思いが深く、会社への貢献度が高いのに、周囲とぎくしゃくする人がいる。前者と後者を分けるのは、コミュニケーション能力である。

この世には二つの話法がある。それを知って、使い方をマスターするだけで、この世が格段に生きやすくなる。

家事キャンペーン

ゴールに潔く照準を絞って、プロセス評価を省く男性脳。それでいえば、優秀な主婦ほど、夫に家事労働を軽んじられてしまうことになる。プロセスを見逃す男性脳からしたら、涼しい顔で要領よく家事をこなしていると、「本当に楽な仕事」に見えてしまうからだ。

だから、私は、ときにキャンペーン作戦を使う。

二人して家にいるとき、私は夫に、「今日は、洗濯しながら、3週間分の新聞を一気に読んでまとめて資源ごみに出し、床を拭いて、連載を一本書きます。その合間にお昼も作り、食器も洗うわね。すご〜く忙しいからサポートよろしくね」と、わざわざ口に出して、自分のするタスクを伝えている。そうしておけば、「洗濯物干して、お願い！」に、文句が返ってこないからだ。

黙ってやっていると、私の忙しさなんて察してもくれない。なので、ちょっとものを頼むと「え〜」と言われたりして、ムカつくからね。

家事労働のようなとりとめのないタスクに関して、男性が察知する能力は、女性の1／3以下。ということは、半分やっていると思い込んでいる男子のタスクが、1／6にしか過ぎない。男子に、本当に半分やらせようと思ったら、彼が気づいていない2／3を知らせてあげないとならない。

でもね、1／3しか認知できないということは、同じ量だけやらせたら、ストレスは3倍になるということでもある。脳の自然な認知能力の3倍、気を遣うことになるからだ。したがって、男性の家事労働は、1／6でよしとしようよ。

私は、家事労働のアンバランスに腹が立ったときは、「シングルマザーよりは恵まれている」と考えて乗り越えるようにしてきた。夫を「シングルマザーのわたしたち母子を助けてくれる、気のいい男友達」だと思い込むと、かなり親切である。家にただで住まわせ、生活費も入れてくれ、病気のときも甲斐甲斐しく世話をしてくれる。「こうしてくれ」と細かく指示すれば、だけど。

今は、彼もかなりできることが増えたので、ありがたい。何度も言うけど、「自然に気づく」能力が低い男性脳を育てるのには時間がかかる。定年退職してから役に立つ夫にしようなんて、遅すぎる。まずは、黙って回している家事を、明るくキャンペーンしよう。

結果的に悪かったときの男性脳を追い詰めてはいけない

ゴール指向の男性脳は、「結果がダメだった時」のショックが、女性に比べてはるかに大きい。このため、気をつけてほしいことがある。

結果が悪かったときに、男子を追い詰めてはいけない、ということ。

ゴール指向型の男性脳は、「結果的に悪かったとき」には、免疫力がうんと下がっている。そんなとき、「あれもダメだった」「これもダメだった」と嬉々として否定されると、耐えられないのである。

プロセス指向の女性脳は、「結果悪かったとき」は、「あー、あれが悪かったのね」「あ〜、これもダメだった」というふうに、プロセスを解析している。ときには、仲間内で、それをしあって、けっこう嬉々としてしまうときさえある。「あれがダメだったのよ」「あー、そうか〜♪　けど、あなたのあれもダメだったよね」「あ〜、そうか〜、やっちゃった〜」という感じに。

実は、女性上司が、男性部下にこれをしてしまうことがあり、それがかなり危険なのだ。「だいたいあなたはさぁ、あのときもダメだったし、このときもダメだった」なんて、過去の類似の失敗を持ち出してはいけない。

女性はよく、「どうして、できなかったの」「どうして、やらなかったの」と問い詰めたりするが、そんなこと、言われてもどうしようもない。女性脳なら、「だって」と言い訳をし、言い訳をしながら、自分の非に気づいたりするわけだけれど、男性脳はただただ、ことばを失うだけだ。

結果的に悪かったときには、その場では、理由を追及しない。職場仲間なら、頑張ったことを数え上げる明るい打ち上げが一番。恋人なら、優しい風情で傍にいてあげることだ。悪かった理由は、立ち直った後に冷静に分析し、次の戦略を立てるときに参考にしたらいい。

男を育てるときは、肝っ玉母さんになりなさい

ゴール指向型の男性脳は、結果にかなりの意識をもっていかれる。

女性は、たとえ結果が悪くても、そこまでのプロセスがよければ、しあわせになれる。結果が得られなくても、仲間の結束が固くなれば、それはそれで嬉しかったりするのだ。

しかし、男性脳は、そんな気分にはなれない。結果が悪ければ、この世の終わり。そこまでの世界観がいったん破たんする。

そんな男性脳は、「結果に一喜一憂する女」が傍にいると、大きな男にはな

れない。失敗したときに本人よりも動揺し、成功したときに有頂天になる女が傍にいると、結果ばかり気になって、そもそも「プロセスからの真理」を一層切り出し損ねるからだ。

脳が成長するためには、失敗は不可欠である。

失敗して痛い思いをすると、その晩、脳の中では、失敗に使われた関連回路の閾値《いきち》（生体反応を起こすための最低値）が上がり、その回路には電気信号が起こりにくくなる。要らない回路を感知して、そこにとっさに信号が流れないようにするわけだ。

そもそも脳内には、天文学的な数の回路が内在しており、未熟な脳は、一つの入力に対して、いくつもの答えを出してくるのである。だから、迷う。

しかし、経験を重ねて、十分に成功と失敗を繰り返すと、脳内の回路にしっかりと優先順位ができているから、とっさに「本質的な、間違いのない答え」が出てくる。

したがって、失敗を重ねた脳ほど、脳はセンスとつかみがよくなる。失敗は、脳にとって最高のエクササイズ。けっして怖れることはない。

なのに、男子たちは、結果重視の繊細な脳で、女性脳の想像を遥かに超えて、失敗を怖れ、失敗に傷ついている。

そんな男子に、「失敗にがっかりする（あるいは感情的になる）」母親や女性上司や妻がついていたら、かなり残酷である。ビビりすぎて、脳がプロセス分析に失敗し、せっかくの成長のチャンスを逸してしまう。

逆に、「成功に有頂天になりすぎる」のも問題。次も期待に応えたいという意識が高まり、次の失敗が怖くなるからだ。

男の子を育てる女は、それが息子であれ部下であれ、結果に一喜一憂してはいけない。ど〜んと構えて、動揺しない。肝っ玉母さんを演じるのが一番である。

失敗したら、「人生、そんなこともあるよ」と落ち着いていてあげること。成功したら、感謝やねぎらいは大事だが、「たいしたことはない、想定内」な感じを漂わせた方がいい。「あなたにとってこれくらいの成功は想定内」としてあげておいたほうが、男子は、「自分はもっと大きな男である」ことを知り、先へ行けるからだ。

結果にビビる男性脳を相手に、結果に一喜一憂して脅かしてはいけない。男を小さくしてしまう上に、信頼関係が結べない。肝に銘じてください。

女性脳は「寄り道」で活性化する

さて、女のプロセス指向と男のゴール指向は、まだまだ、さまざまな違いを生み出している。

たとえば、買い物。

女性は、よほど急いでいない限り、目的の売り場に一目散という感じにはならない。通りすがりのバッグ売り場でちょっと立ち止まってみたり、新作のケーキに目を留めてみたり。ときには、キレイなパンプスに心惹かれて、ちょっと試し履きしてみることもあるかも。

男たちは、この女の寄り道にうんざりするらしい。ゴール指向の男性脳は、目標地点に最短時間、最短距離で辿り着きたいからね。長らく狩りをしてきた男性脳の習性である。

しかしながら、この寄り道、脳科学上は意味がある。

女性脳は、右脳（感じる領域）と左脳（顕在意識）が頻繁に連係して、直感が働く脳。当然、買い物をするときも、直感をおおいに使う。

直感のために使われる神経軸索は、脳の異なる部位をつなぎ、ときには長い神経線維を介するため、にわかには電気信号が流れにくい。脳の複数個所が連係して活性化していることが大前提だからだ。このため、直感を使おうと思ったら、これらの神経回路に電気信号を流しやすくしておく必要があり、そのための準備運動が「寄り道」なのである。

フライパンを買いに来たのに、大好きな靴売り場をのぞいたり、ねこ模様のタオルに「カワイイ」と声をあげてみたり……そうして、心をワクワクさせることで、直感の回路に電気信号を流す「準備運動」をして、直感力をチャージしている。

やがて、フライパン売り場に辿り着いたときには、直感力がピークに達しているので、「欲しいもの」がちゃんと目に飛び込んでくる。迷うこともなく、「惚れた逸品」に出逢うわけだ。

このときの女性脳は、他の商品を見ていないのではない。ほんの数秒で、かなりの要件を見抜いていて、いきなりの「これにするわ」にはほとんど誤りがない。

男の買い物、女の買い物

一方、直感が働きにくい男性脳は、「比較検討」で商品を選ぶ。このため、「直感力チャージ」のための「寄り道」は不要なのだ。その上、先述の通り、男性脳は、目的の場所に最短時間、最短距離で辿り着きたい脳。つまり、男の買い物とは、「目的の売り場に直行し、できるだけ多くの代替案を並べてスペックを比較検討して選ぶ」こと。

そんな男子から見たら「だらだらと関係ないものばかり見ていると思ったら、いきなり、思い込みで商品をつかむ」ように見えるのが、女の買い物。私たちの脳の中で起こっていることを知らない男たちから見たら、なんとも愚かな買い方に見えるのに違いない。女のワクワク感を高める寄り道に、隣でどんどんイライラしてくる男。そんなら、いないほうがまし（苦笑）。

しかも男子ときたら、女性脳が素晴らしい直感力を使って選び取ったその「一番」にケチをつける。「もっと、他のと比べてみたら？」

買い物で高まった女の気持ちが、一気にしぼむ瞬間だ。

そう、男性脳は、数ある候補の中から「ベスト」を「選びたい」。なので、「数ある候補」がまずないと、話が始まらないのだ。

女性脳は、「私だけの特別」に「出逢いたい」。出逢えれば、他のことなんて、ぜんぜん目に入らない。傍にいる人には、その特別感を共感してもらいたいのであって、代替案を差し出したり、うんちくを垂れてほしいわけじゃない。

というわけで、買い物に関しても、男性脳と女性脳は相いれない。仲のいいカップルでも、買い物は別々に行くのが一番。

家具や家電など、どうしても二人で選ばなければならないときは、「時間差攻撃」がお薦め。比較検討に時間をかけたい男性を先に目的の売り場に送り込み、女性は少しぶらぶらする。女性が目的の売り場に着いて、「あ、これ素敵」と駆け寄ったときには、「それはなかなかいい選択だね。でも、棚の数が少ないんだ。いいの？」なんて有益なアドバイスをしてくれるはず。

脳の作法の違いで、相手が愚かに見えるのが、男女の買い物。それは、あらゆる男女のミゾを象徴している。

男は「ぼんやり」で活性化する

先ほど、女性脳は「寄り道」で活性化すると言った。あれこれ見て歩いたり、ちょっとしたものを食べたり、とりとめのないおしゃべり……それをしたとき、女性脳は、直感に使う電気信号が活性化して、ものごとの白黒が付けやすくなり、知識が増える。

では、男性脳が活性化するのは、どんな場面だろうか。

実は、女たちとは真逆。ぼんやりしている、そのときなのである。

男と暮らすと、「使い物にならない時間」が意外に長いのにびっくりしてしまう。たとえば、休日の午前中。起きてきたのに、ぼ〜〜〜っとしている。テレビをつけてはいるけれど、観ちゃいない。観ていないくせに、チャンネルを変えると、「なんだよ、観てるのに」と文句言ってきたりして。だからといって、番組の内容について話しかけても、知っちゃいない（怒）。

女からすれば、「疲れているなら寝てりゃいいじゃん、起きてきたのにいつまでもぼんやりして、共働きの私が忙しくたまった家事を片づけているのに、それに気づきもせず、手伝う様子も見せず、なんなの〜⁉」と叫びたくなる、あの「ぼ〜〜〜っ」。実は、男性脳的には深〜い意味があるのである。

男性脳には、右左脳の連係を断って、右左脳それぞれを深く広く使うことで、脳全体を活性化する、という技がある。正確には、思考に空間認識力を使う脳の特徴で、女性脳でもこの使い方をする人はいるし、男性脳でもしない人もいる。

これをしているときは、右脳（感じる領域）の出来事が、左脳（顕在意識）に伝わらないので、目の前のことをほとんど認知しない。自分の身体に起こっていることも自覚しにくい。

以前、宗教学者で僧侶の釈徹宗氏に「無我の境地とは何ですか」と質問したら、「目の前をアリが通り過ぎたとする。その黒い点は網膜に映るけれども、脳がアリと認知しない状態が長く続くこと。暑くも寒くも痛くもない」と教えて下さった。

なるほど、それはまさに、男性の得意技・右左脳断絶状態。なんと、男たちは、休日の午前中のテレビの前で〝無我の境地〟になるのである。ニュース画像の何かに刺激されながら、「目の前のニュースは、網膜には映るけれども、そうとは認識しない。妻が忙しそうでも、痛くもかゆくもない」という事態である。

このとき、脳内では、空間認識の能力が究極にまで活性化し、直観力が最大になる。ことばに頼らない、脳の世界観に基づいた本質的な正解が降りてくる状態になるのである。

女の直感、男の直観

直感力と直観力の違いは、脳の機能として言い表すならば、以下のようになる。

直感力は、膨大な文脈を紡いで、ことばで導き出すインスピレーションだ。「今感じたこと」をトリガーに、無意識の領域で膨大な数の「ああすれば、そうなって、こうなる」という文脈記憶をたどり、そこから類型をくりだし、新たな文脈の創生を試みて生み出す。

このとき、文脈記憶をたどる際にも、さまざまに「今の脳で感じ直す」ところがあり、これを顕在意識で処理して、無意識の領域にフィードバックしたりもする。

つまり、右脳（感じる領域）と左脳（顕在意識）が、究極にまで連係することによって、直感は生み出される。

直感は、「感じること」に刺激されて生み出されるものなので、好きなもの（カワイイもの、美しいもの）に触れて心を動かされたり、感じるままにおしゃべりをすることでより生まれやすくなる。

だから、直感力に長けている脳を、気持ちよくしゃべらせておけば、この直感力を最大限に働かせて、本質の答えを導き出すことができるのだ。

直感は、豊かなことばと一緒に、溢れ出てくる場合が多い。ただし、直感で得た答えを論理的に説明しろと言われても難しい。感じて得た文脈を多重に走らせて、その相乗作用で生み出す「いきなり、新機軸」の文脈だからだ。

直感力は、感じたことをトリガーにして生み出されるので、主観的に生み出されるもの。また、多くの場合、主観的なことばと共に出力されるが、それはけっして「個人の思い込み」ではない。膨大な文脈を紡ぐので、他の脳にも適応できる「一般解」を導き出しているのである。しかも、直感で生み出す、「感じる一般解」は、流行を加味したみずみずしい一般解であることが多い。

一方、直観力の方は、空間認知の能力を使って、ことばではなく、イメージ処理で解を生み出す能力である。

出来事を、ぼんやりとイメージのまま脳内の思考空間に配して、その比較によって、距離感や位置関係を探る。なんとなく、「あの事象」と「この事象」と「その事象」が似ているような気がして、あれこれ比較しながら配置しているうちに、ふとその類似と対比の構造に気づき、そこから新たなメタファーが生み出される。つまり、新たな理論や世界観の創生である。

ことばを断ったときしかそれができないので、端から見れば、ひたすらぼんやりして見える。

つまり、多くの男性脳と、一部の女性脳（理系女子や、デザイン・アート関係の女子、経営者にも多い）は、日常のここそこでぼんやりしながら、壮大な世界観を作りだし、新理論を生み出しているのである。

直観力を生み出す瞬間、脳は、右脳（感じる領域）と左脳（顕在意識）の連係を断つので、「今の自分の気持ち」を混ぜないまま情報を処理する。つまり、直観は、自我を滅するところから生まれ、究極の客観性と共にある。おのずから、直観で生み出されるものは、本質的な一般解であることが多い。きっと、多くの理論や哲学や芸術が、「ぼんやり」時間に生み出されたに違いない。事業の拡大も、「ぼんやり」がなければかなわない。

天才になる方法

ただし、イメージで感じた解は、一般に広く知らしめようとしたら、ことばに置き換える必要がある。優秀な科学者やアーティストや経営者は、ことばの感性も豊かで、イメージをことばに換えることができる。ことば力に優れたこの人たちは、当然、直感力も使える。すなわち、天才とは直感力と直観力を共に使える人たちなのである。

感じたことをどんどんことばに換えて、直感を生み出し、ときにことばを断って、直観で世界を観る。それができる脳の持ち主こそが天才と言われ、芸術や科学の新しい領域を拓き、あるいはデキるビジネスパーソンと呼ばれて、新事業を拓く。

そうなりたいと思ったら、簡単なことだ。自分がやりにくいことがあったなら、それを誘発する行動をしてみることである。

日頃、ことばに囚われがちな人は、「ことばを断って、空間認知と運動制御を司る」趣味を持つといい。ダンスやスポーツ、楽器演奏、囲碁・将棋・チェスの類、料理。書道、茶道、華道など、「道」がつくものも、とてもいいと思う。

逆に、ことば化がうまくいかない脳の持ち主には、感じたことを口にするエクササイズがお薦め。「嬉しい」「美味しい」「気持ちいい」「しみじみする」「悲しい」など、主観的なことば＝今の気持ちを表すことばを口にすると、脳梁の連係がよくなり、とっさにことばを引きだせるようになる。

女には苦行より快楽が効く

前出の釈徹宗氏と対談をさせていただいたとき、「禅問答では、修行する者を追い詰める不条理な質問をすることがある。これは、ことばを失わせ、ことばではない答えを導き出す訓練なのです」とおっしゃった。たしかに、これは合理的。私から見たら、まさに右左脳の連係を断ち、直観力を最大にするためのエクササイズに他ならない。

その上、男性には、追い詰められるとテストステロンが出るという癖がある。テストステロンは、男性の生殖行為をアシストする下半身のホルモンだが、意識にも強く働きかける。闘争心を掻き立て、同時に好奇心を溢れさせ、恐怖心を軽減するドーパミンという脳内ホルモンを誘発する。つまり、男たちにとって禅問答は、素晴らしく脳にいい刺激ということになる。

先に「無我の境地」の例に挙げた座禅瞑想もまた、右左脳連係を断つのに役に立つ。同時に、断食したり滝に打たれたりして生理的パニックを伴えば、これまた、テストステロンが出るので、男性脳にはかなりいい刺激になる。

ただねぇ、座禅や禅問答は正直言って、女性脳にはあまり効かない。もちろん、効く女性もいるだろうが、多くの女性の場合、座禅を組んで無我の境地になるのは難しい。あれこれ、気になることが脳を去来してしまうだけ。滝に打たれたってテストステロンが出ないので、ただ辛いだけ。禅問答なんて、ことばで追い詰められたら、ことばの領域が過剰に活性化して「何、このくだらない論争！」と、ばかばかしくなるだけである。

女性脳に無我の境地を作ろうと思ったら、写経のように、手ですることがあるほうが望ましい。毛糸編みやビーズ手芸、お菓子作りのような手仕事に没頭できる時間には、女性脳はかなりことばから離れることができる。

また、哺乳類のメスである女性は、自分が快適な状態にあるほど生殖本能が活性化するので、好奇心が旺盛になって活動意識が上がる。なので、すべきことは男性の逆。美味しいものを食べ、心地いい状態に身を置くこと。極上の料理を食べ、エステにでも行ってほしいくらい。

男たちにはたまのパニックが必要なので、「ハングリー精神が大事」とか言っちゃって、修行系のツアーや、「カリスマ講師に追い詰められる塾」系のビジネス講座に通ったりするが、女性に必要なのは「満ち足りた、豊かな時間」なので、うっかり参加しないほうがいい。もちろん、人の縁を探しに行くのなら、止めはしないけどね。ビジネスの成功を目指して参加する気なら、残念ながら逆効果。女性脳の直感力が鈍ってしまう。

とはいえ、男たちにとっては、「お金を払って、粗食に耐え、棒で叩かれて」でも、手に入れたい無我の境地。すなわち、ぼんやり時間の大切さは、計り知れないのである。

男心の癒し方

そんなわけで、男たちのぼんやり時間を、どうか、優しく放っておいてあげてほしい。ぼんやりするために、男たちはマニアックな趣味を持ったり、一人でふらりと立ち寄れる飲み屋をキープする。そんな男たちの隠れ家も大目に見てあげてね。

男たちは、ぼんやり時間を侵食されると、気持ちが追い詰められてくる。免疫力が下がるし、当然、それをする女性への好感度も下がってくる。

だから、ぼんやり時間をゆるすことは、女にもメリットがある。男たちに「居心地がいい女」だと思われるから。都合がいいというニュアンスではない。英語のcomfortableが表す世界観のほう。手放しがたい、究極の心地よさのことだ。

男たちに「ぼんやり」をゆるす女は、究極のあげまんでもある。そういう女性に傍にいてもらえる男子は、直観力が日常で使えるから。


あるとき、ロングヘアの似合う素敵な女性から、こんな質問を受けた。「男性が疲れているように見えたとき、どんなふうに声をかけてあげたらいいのでしょう？　話を聞いてあげたいのですが……」

実は、この質問、女性たちから幾度となく受けている質問だ。親しい男性が、疲れている風情なのに、愚痴の一つも言ってくれないことは、女らしい女性にとっては、かなり寂しいことらしい。

けれど、私の回答は、いつも一刀両断。「彼を本当に癒したいのなら、話しかけないことです」

何度も言うけど、女性脳は、おしゃべりすることでストレスが解放される。だから、ストレスになるようなことがあったら、誰かに話を聞いてほしい。その誰かが好きな人なら、なお嬉しい。このため、男性の「ストレス&だんまり」に傷ついてしまうのだと思う。自分が、話したい相手に選ばれなかったことに。

でもね、ストレスを感じた男性脳は、ぼんやりして心ここにあらず、の事態になる。それが一番のストレス解消法。愛されていないわけじゃない。どうか、安心してほしい。

そんな男子を癒す方法はただ一つ。穏やかに傍にいてあげることだ。何があったか根掘り葉掘り聞くなんて、野暮なことはしてはいけない。ただ、機嫌よく傍にいる。それだけでいい。

「ぼんやり」は、男性脳の万能薬。「ぼんやり」させてあげられる女が、極上の女。そう覚えておけばいい。

ぼんやり男子は、出世する？

ところで、このぼんやり、男の子と、後に理系やアートのエリアで活躍する女の子にも顕著に表れる。特に8歳までは、母親にとって、「なんで、さっさとできないの⁉」の嵐に違いない。

8歳は小脳の発達臨界期。空間認識と身体制御の中枢司令塔である小脳は、8歳までに、その基本機能を取り揃える。将来、空間認識力を強く使って生きる脳は、空間認識力の基本機能を蓄えるこの時期に、右左脳連係を断って、イメージ処理を施す時間が長くなる。

女の子と男の子を育てた母親のほとんどは、「男の子って、ほんっと、ぼんやりしてる」とぼやく。保育園の先生たちも、「たとえば、お外で遊ぶよ～と声をかけると、女の子は2歳児でもさっさと靴を履いて外に出る。男の子は6

歳児でも、半分靴を履いたままぼ〜っとしてる子が必ずいる」なんて言う。「帽子のゴムをくちゃくちゃ噛んだりして。でもね、そんな子ほど出世するから面白い」とも。

男の子を育てるお母さんたちは、つい「早くして」を連発しがちだが、ぼんやりしているその瞬間、彼らの脳は、いつもの数倍も活性化していることを覚えておいてほしい。その大事な時間を、生活時間を急がせるためにつぶしてしまうなんてもったいなさすぎる。

ぼんやりしがちな子は、可能な限り、ぼんやりさせてやること。すると、「さっさと動く」能力はやっぱり低いまま育つが、それ以上の、彼や彼女の脳にしかできないことができるようになるはずだ。

アインシュタインは5歳までしゃべらなかったとも言われる。理系の天才たちの多くが発話が遅く、発達障害を疑われたりした。あなたのぼんやり男子は、もしかすると天才かもしれない。

男相手に、「これしかない」のイチオシ提案は危ない

直観力の男性脳と、直感力の女性脳では、「検討する」ということばの意味が違う。

男性脳にとって「検討する」とは、「比較検討をする」ことなのである。買い物で、男性脳が「比較検討して、選びたがる」のも、そのせいなのだ。

一方、女性脳にとって「検討する」とは、「感じてみる」ということだ。商品であれば、それを手にしたときの気持ち、使ったときの気持ちになって、深く感じ入ってみる。

女性たちは、たとえビジネス提案であっても、将来の想定ユーザの気持ちになりきって、その商品やサービスを感じてみるのだ。このため、いきなり、「これしかないよね」というイチオシ提案が降りてくることが多い。

女性が、直感を使ってアイデアを降ろしてくるときは、無意識の領域で膨大な量のデータに触れている。単なる思い込みじゃないのである。私は、男性たちにはよくこう言う。女性3名が「これしかない」と口を揃えて言うことは、

300万人の女性にも起こる可能性がある。女性のイチオシ提案はバカにできない、と。

これを言ってやらなきゃならないほど、男たちは女のイチオシ提案をバカにしているのである。

比較することをもって「検討すること」と思っている男性脳にとって、一案に心酔して「これしかない」とまくし立ててくる女性脳は、思い込みが激しく、主観的すぎるように映る。とてもプロとは思えないのである。

見せ提案をつけてでも、複数提案の態にする

そこで、男性相手にビジネス提案をするときは、イチオシ提案があっても、我慢して〝見せ提案〟を用意することだ。その上で、相対数値をつけて、一目で比較できるグラフや表にすれば、より好感度が上がる。

バカバカしいと思うだろうが、やってみる価値はある。それをすると、ときには、自分が見過ごしていたことが発見できて、提案の質が上がることがある。

多くの場合は、やっぱりイチオシ提案以上のものはないのだが、男性たちの受けがまったく違う。そうして、自分をプロに見せておいて、相手が耳を傾けてきたら、上手にイチオシ提案を推せばいい。

「見せ提案が出世のコツでした」と教えてくれたのは、ある大手銀行で女性の出世頭になった方だった。

男性脳は、複数案を自ら検討したことによって選択満足度が上がり、参加意識が増すので、その後の流れが俄然スムーズになる。手をかけただけの成果はある。頑張ってみてほしい。

もちろん、感性豊かな女性相手の提案は、「イチオシ提案に共感させること」に尽きる。

女性エグゼクティブの場合、直観型なのか直感型なのか判断が難しいので、複数提案で持ち込み、「私自身は、これが絶対です。これを思いついたとき、どきどきしました」とイチオシにことばを添えるといい。

直感が働く人は、直感こそが「その提案への集中力であり、誠意だ」と信じている。心のイチオシがあるほうが高評価なのである。

直観力については、比較検討に持ち込めばいいので、それがあるように擬態できるが、直感力については、心から感じたことを心のことばで表現しないと伝わらないので、擬態が難しい。ということは、女性脳のほうにずっとアドバンテージがある。

産業構造は男性脳型であり、女性脳には組織の中で出世したいという欲がないから、エグゼクティブの領域に残る女性の数は少ない。しかし、そこに食い込んだ女性たちは、男性の何倍も輝きを放っている。

21世紀は、女もヒーローになる時代。自分の脳を知り、相手の脳を知って、うまく立ち回ってほしい。

女が左遷されるとき

空間認識力が発達していて、ものの位置関係と距離感に敏感な男性脳は、概念空間でも同じ。たとえば、人間関係も、その位置関係をしっかりと決めたがる。そうして、一度決めた関係性は、容易に崩すことができない。肩書や職域を超えた言動は、基本的に取れない。

逆にいえば、それを安易にする人に強い不快感を覚える。度重なれば、強い不信感となって噴出する。

肩書や職域を超えた言動とは、たとえば、こういうことだ。「部長、エレベータで社長に会ったので、例の件、話しておきました。オッケーだそうです～」結果オーライなので、面と向かって叱ることはできないものの、強い不快感が残ってしまう。それは、あれだね、女性でいえば、あり得ない男子にハンカチを拾ってもらったようなもの。お礼を言うしかないのだけど……「う～ん」という、あの感じ。

私の古巣は、コンピュータ業界。１９８０年代までは、「専門家にしか扱えない大型機」がビジネスコンピュータの主流だった。このため、顧客企業の電算室にシステムエンジニアが常駐して、顧客の電算部門の方たちと一緒に働いていたのである。

女性のシステムエンジニアは、顧客企業にいち早く溶け込み、そこの管理職に可愛がられる傾向にある。女性の少ない部門だし、聞き上手な女性エンジニアとは、オタク傾向の強い男性エンジニアよりも話がしやすいのだろう。親しく話しかけられるため、それに対応する女性エンジニアが、顧客の管理職と親しげな口を利くケースが多々あった。

常駐の身としては、そうするほうが穏便だからそうするのだが、彼女自身の上司にしてみれば、自分が敬語で話す相手に、親しげな口を利くわけなので、不快感を禁じ得ない。

このタイプの女性エンジニアは、売り上げも高い。客先の信頼も厚く、次期システムの提案をするときも、コンピュータ会社内で事前に相談して想定した価格よりも、高い価格のシステムを受注してきたりする。こんな、営業的には喜ぶべきことも、男性脳の不快感をあおってしまうのである。

男性脳には、「お手柄」とは映らず、「相談して決めたことを守れない」部下として印象づけられてしまうからだ。

私は、優秀な女性たちが、客先の信頼も厚く売り上げも高いのに、左遷させられるケースを山ほど見てきた。彼女たちは、皆、同じことを言われる。「スタンドプレイが過ぎる」「報告・連絡・相談が足りない」「部下を育てられない」

女性たちは直感が鋭く、臨機応変に動ける。決まったことを順守するより、その場で臨機応変に対応したほうが、ずっと顧客満足度は高く、売り上げは高くなる。そこには、上司に相談する暇なんかない。

また、自然に繰り出される女性脳の臨機応変な才覚は、説明できるものじゃない。これは、背中を見て学んでもらうしかないのだが、男性脳にはそれが不可能。このため、男子たちから見ると、「自分ばっかりお手柄を立てて、部下を育てていない」ように見えるのだろう。

おそらく、同様の事態が、多くの優秀な女性たちに起こっているに違いない。よかれと思い、会社のために尽くしたことを「スタンドプレイ」と言われ、信頼できないと烙印を押される。その悔しさは、計り知れない。

組織論を知ろう

でもね、それを男の嫉妬と呼んで恨んでも埒が明かない。これは、空間認識力の高い男性脳に起こる当然の不快感なのである。彼らにとっては、女性が加害者なのだ。女性は、それを知っておく必要がある。

私たちの臨機応変さや明るい親密感は、女性脳の最たる長所なのだが、そのことで、職域や肩書を超えるとき、周囲に影響を受けてしまう男性がいることを知っておいた方がいい。

彼らのことも案じるのだが、それ以上に私は、彼らの不信感によって、能力を発揮しきれない状況に追いやられる女性たちのことを案じる。

肩書や職域を超えた言動は、職場に風穴を開けるため、ときには必要なこと。特に前述の例で挙げたような顧客付き合いの中では、欠かすことができないセンスだ。だから、それをしてはいけないとは言わないけれど、気を遣うべき局面もある。

自分の上司の前では、客先の上司と親しげな口を利かないこと。他者の仕事に気軽に手を出さないこと。直属の上司を飛び越えて、上層部の管理職に気軽に進言しないこと。

上に立った場合も一緒である。以前、ある女性市長が、若手職員とランチ会をしたり、市民の問い合わせに直接メールで答えて、市政の風通しを良くしたことがあった。このとき、市役所の中間管理職のモチベーションが一気に落ちて、メンタルダウンした人が続出してしまったという。直接トップと話ができるのなら、中間管理職には、存在価値がない。それが男たちを、思いのほか混乱させ、痛めつけたのだ。

風通しのいい運営はいいことだし、長い目で見ればオンライン・コミュニケーションによる業務の簡略化は、行政のような血税組織には不可欠のセンスに違いない。しかし、今現在ここにいる中間管理職の職務を奪い、混乱させてしまうことに、リーダーたる者、やはり気を配るべきだった。

小さな組織は、女性脳型の臨機応変スタイルで回せるが、大きな組織には「職域をはみ出さない」「決められたことを順守する」ことでしか回せない局面もある。

たとえば、「毎日、11時45分に郵便物を出しに行く」というタスクを任された総務の女性社員が、「昼休み直前の駆け込み提出が多いので、12時に出してあげよう」と勝手に決めたとしよう。そのおかげで、今まで残留していたいくつもの郵便物が午前中のうちに社を出ることになる。めでたし、めでたし。

……でも待って！　彼女が郵便物を持ち込む郵便局の集配時間が11時50分だとしたら、その時間に合わせて速達を出す部署があったとしたら、彼女はたいへんなことをしてしまったことになる。小さなルール一つを変えるにも、大きな組織では、調査と稟議《りんぎ》書が必要になる。変化を怖れてはいけないが、変化させるには注意が必要だ。

男たちが長らくやってきたことには、男性脳にとっての深い意味がある。組織の慣習には、一定の敬意を払ったほうがいい。敬意を払えば、基本的に組織論を踏み外すことがない。たとえ踏み外しても、好意的に受け止めてもらえる。

見た目は意外に大事である

私が40歳になる直前のこと。私はボスに呼ばれて、服装についてのアドバイスを受けた。

当時、私は、コンサルティング会社に身を置き、ちょうどジュニアコンサルタント（補佐役）からシニアコンサルタント（主役）に変わるタイミングだった。

来月から、「先生」と呼ばれて、企業の経営陣に丁重に迎えられる立場になる。そんな、ある日のことである。

「ここからは、エグゼクティブゾーンだ。フェイクには意味がない。男の真似はやめなさい」、ボスはそう切り出した。

ちなみに、当時、私が所属していた会社では、シニアコンサルタントには、細かい服装の規定があった。オーダーのスーツを着ること、ワイシャツのボタンは貝ボタンでなければいけない、などなど。最初は、細かすぎると思ったけれど、はたで見ていると、百戦錬磨の経営者たちに「先生」と呼ばれるのにふさわしい装いが、たしかにあるのである。

前にも述べたが、男性脳は、いくつかの点を注視して、後は「妄想」で全体像を作り上げる。さらに、「位置関係」をすばやく切り出す癖がある。そんな男性脳にとって、「わかりやすい服装」は、名刺と同じくらい大切な「自己紹介」ファクターなのである。

私は、その会社の女性初のシニアコンサルタントだったので、男性用の服装規定が使えない。そこで、ボスが私に示したのが、「上質のジャケットを着なさい」だった。「少しもったりしたツイードがいい。パンツスーツはいただけない。お手本は、NHKの中年以降のアナウンサーのイメージ」だと。

彼は、こう諭してくれた。「男の真似をするな。フェイクに見える。中年女性に見えたほうがずっといい。ただし、クライアントの社長たちに一目でわかる、説得力のある上質な中年女性でなければいけない」

その答えが、上質なツイードのジャケットだったのだ。

40代の私は、このジャケットに本当に助けられた。それは、まるで、女戦士を守る鎧のようだった。どこへいっても丁重に扱われる。名刺を出す前から。思えば、男たちは、自らの服装を記号化して、自分の立場をうまく知らせているのだ。スーツやネクタイをするのは、「この場に参加することを、心から誇りに思っている」のを伝えるためだ。

少しもったりした女性らしいシルエットのジャケットは、「女性の視点を持ち、女性としての経験を積んだ、母性溢れる大人のコンサルタントであり、男性社会のルールも知っている」ことを、男性たちに伝えるツールとなったのだった。

この話をしてあげた後輩の女性から、「黒川さんの言った通り、客先の打合せに上質のジャケットを着ていくようにしたら、同行した、カジュアルな服装の女性上司より先に、私に名刺が渡されるようになりました。私の話が重要視されているのが、肌で感じられて……で、結局、彼女より出世しちゃいました」

という報告が届いたことがある。

私自身は、60代に入った今では、この手のジャケットはあまり着なくなった。身体も顔も、十分もったりしていて迫力がある。「美しい鎧」なんかつけていたら、怖くて仕方ないでしょう？　今のテーマは、いかにクライアントを緊張させないか、である。

男性社会で、エグゼクティブゾーンに入ったら、「見た目」は、うんと大事である。

それぞれの職場、それぞれの立場があるだろうから、「上質のジャケット」は、一つの例としてとらえてもらったらいい。しかし、よくまわりを観察して、しっかりと「上質な中年女性」を演出してください。

ここにおいては、「50代なのに、30代に見える、奇跡の若さ」は、まったく不要なのだ。美魔女なんて、ほんっとバカバカしい。それが得なのは、女子会でちやほやされる程度のこと。地に足のついた大人の女性は、美魔女なんかより、ずっといい男にモテる。私は、そんな女性をたくさん見ている。

「自分を恥じる」を「誰かを案ずる」に変える

よかれと思ってやったのに、組織からNOと言われたとき、女性脳は被害者意識を感じることが多い。

女性脳が被害者意識を感じやすいのは、哺乳類のメスだからだ。身ごもって産み出し、一定期間母乳を与える哺乳類のメスは、自らの保全こそが、生殖の第一条件である。このため、何か事が起これば、瞬時に自己保全の信号が流れるようにできている。この感覚が、被害者意識を誘発する。

「ひどい、あんまりだ」「やっぱり、私なんて」ということばが浮かぶなら、それは被害者意識である。リーダーたるもの、うっかり口に出さないように気をつけたほうがいい。理由は、カッコ悪いからだ。

もしも、自分の思い通りにならなかったら、自分でなく、組織を案じる。そのほうがずっとかっこいい。

あるとき、理系の大学教授である私の友人に、有名企業から、社外取締役になってほしいと要請があった。経験も発想力も豊富で、女らしい感性に溢れ、生活者の気持ちを代弁できる彼女は、女性市場を持つ企業には、とても魅力的な人材なのに違いない。

しかし、彼女の大学の学部幹部が、それに待ったをかけた。学部に前例がないというのだ。フルタイムの大学教授に副収入があることが是か非かわからないので、時間をかけて検討したい、したがって、この回答は保留する、来年度以降の検討課題ということで、と。

彼女は「しょせん、私なんかには身分不相応な話だったんです。学部に迷惑もかけるし」とあきらめかけていた。

私は激怒した。学部幹部の怠慢と、彼女の「謙虚さ」に。

彼女は、自分が学部に立てたさざ波を恥じて、身を引こうとした。バカ言っちゃいけない。ここで心配しなければならないのは、自分の恥なんかじゃない、企業と大学のことである。

企業にはスピードが要る。彼女を欲しいと思ったのなら、何か戦略があるはず。ならば、一年も待てないはずだ。ビジネスチャンスを逃そうとしているその企業を、何より案じなければいけない。

大学にとっては、女性活用政策の時代に、女性の社外取締役を輩出することはブランドイメージも上がるし、その活躍は社会貢献になるはず。

さらに前例を作ることは、自分に続く後輩たちの道を拓くことになる。自分が玉砕してあきらめたら、次に同じチャンスをつかんだ人が、ゼロから頑張らなきゃいけない。たとえ、自分が思い通りの成果をつかまなかったとしても、少しでも先に進めてあげたい、という気になぜならないのだろうか。

会社と大学と後輩を案ずる気持ちがあれば、果敢に一歩前に出られるはずだ。自分のために一歩前に出る、と考えるから、気後れして「恥じて、身を引く」ことになる。

女性は、こういう場合、気後れして身を引く人が多いけれど、私は「謙虚で美しい」とは決して思わない。だって、周囲を案じているようで、「自分を案じる」の域を出ていないもの。私の友人は、けっして大学をなじらなかったけれど、普通の女性なら、ここで「ひどい」とつぶやくところだ。被害者意識が発動して。

一方で、自分を望んでくれた企業のために、後輩の道を作るために、と考えたら、どこまでだって食らいつける。社会というステージで活躍する以上、女性も被害者意識を捨てて、その道を選ぶべきだ。

「気後れして言い返せずに、ひどいとなじる」のをやめて、「大切な誰かを案じて、果敢に一歩前に出る」に変える。なじる人は弱いが、案ずるものは強い。

私の友人は、３カ月ほどの「あきらめない」を貫いて、無事、取締役に就任した。多くの人の信頼を得て、今や肩書が増えるばかり（祝）。彼女は、それらの責務を懸命に全うして、なお、自分が足りないのではと振り返る。この謙虚さこそ、本当に美しい。

すべての男の母になれ

男は、娘と母に弱い。

若いうちは、娘の役をやればいい。理不尽なことを言われたら、「ひどい」となじってもいい。父親の世代の上司には、娘のように率直な口を利き、甘えてもかまわない（周囲に、肩書を超えた不快感を与えない程度に）。

そうして、32歳を過ぎた頃からは、一気に母になってしまいなさい。中間はない。上司に何かひどいことを言われても、「どうかしました？　部長がそんなことを言うなんて」などと言って、相手をなじるどころか、案じてしまうのである。部下が失敗しても、「私も未然に気づいてあげればよかった」と声をかける。

なじるような局面で、母のように案じる。そんな女性を、男はないがしろにできない。すべての男子が母親から生まれたのだもの。男たちに「母口」を利く。このことは、女性がリーダーとして輝くための、最大の秘訣である。

大人の女は、なじるような局面で、「案じる」または「悲しい」ということばを使うといい。脳が違えば世界観が違う。向こうには向こうの正義がある。となると、なじって相手を悪人にしたてても、向こうは納得しないし、第三者にはどっちもどっちに見えてしまう。案じて、悲しがった方が大人に見えて、勝ち。

大人の女は、被害者になれない

大人になるとは、厳しいことだ。

言いたいことを言って生きていくのが厳しくなる。

先にも書いたように、人としての迫力が出てくるから、娘時代には「ひどい」となじれば「よしよし」してもらえるのに、大人の女がなじれば、人をビビらせる。オトナの女は、安心して被害者にもなれないのである。

だったらいっそ、「自分が加害者になりうる」ことを勘案して生きればいい。

横浜市長の林文子氏は、1999年にファーレン東京株式会社（現フォルクスワーゲンジャパン販売株式会社）の代表取締役社長に、2003年には請われてＢＭＷ東京株式会社 代表取締役社長に就任した、トップキャリアの持ち主である。外資系とはいえ、男社会もはなはだしい自動車業界で、この経歴は素晴らしすぎる。

その林さんがパネラーとして登場したパネルディスカッションを聞く機会があった。このとき、林さんは、コーディネータの質問を受けて、こう答えている。

――女性初の社長に就任したとき、私の胸に去来したのは、「女を社長と呼んで、ボスと仰がなければいけない男性たちの気持ち」でした。本当に気の毒だった。だから、一人一人に挨拶に行きました。そして、「支えてほしい」とお願いしました。

私は、そのことばに、涙が溢れて止まらなかった。ここに、潔く「常に自分が加害者になりうる」ことを想定して生きているひとがいる。その凜々しさと優しさに泣かされたのだ。パネルディスカッションで泣かされたのは、後にも先にもこのときだけである。

人に「百戦錬磨」感を作りだすのは、「他者のために心を痛めた経験」の数である。

前に、失敗こそが、脳にセンスとつかみを作りだすと述べた。しかし、ただ失敗するだけではダメなのだ。その失敗に心を痛めなければ。ショックが強ければ強いほど、人は、失敗を何度も反芻し、精査して、脳に刻印することになるから。

大人の女の胸が痛むのは自分のためではない。他人のためだ。前へ前へ歩き続ける大人たちは、ついて来られない者を置き去りにすることがある。裏切るわけじゃないけれど、救いきれない。

たとえば、働く母親なら、病気で寝込んでいる子どもを置き去りにして、職場に駆けつけることもある。慕ってくれる部下を捨てて、次のステージに向かうこともある。自分の「前進」の陰にある、他者の痛み。共感力の強い女性脳にとって、それほど痛いことはない。

先の林さんの発言に私が涙したわけは、林さんの胸にあるその痛みを思ったからだ。あまたの痛みを乗り越えて、しなやかに強くなった脳神経回路にしか出せないことばだった。

女の道は、険しく、愛おしい

数年前、私は、義母を失った。起業するときに、ぽんと背中を押してくれた母である。私の息子が生まれたときには、「これでやっと私も子育てができる」と微笑んでくれて、働く嫁の代わりに、かいがいしく孫を育て上げてくれた。

母は職人の女房で、自身も腕がいい職人だったので、一人息子である私の夫の子育てはその姑が担った。おば（母の小姑）は、母が「赤ん坊を風呂に入れるのが怖いと言って、おばあちゃんに頼りきりだった。不器用な人だった」と言うけれど、それは母の方便だったのだろう。多忙な職人の家で、嫁が仕事を担うしかないのなら、「お母さんがいなければ、育てられません」と言って頼りにして感謝することが、最大の潤滑油だったはずだから。

だって、母は、とても知的に、とても器用に、私の息子を育ててくれたもの。

息子もおばあちゃんが大好きで、相思相愛の二人になった。

その母に介護が必要になったら、私は仕事をセーブして傍にいようとずっと思っていた。「その日まで、頑張っていてね、お母さん」と心の中で手を合わせて、ろくに話も聞いてあげないで、飛び回っていた。

なのに、母は、突然倒れて、手術の甲斐もなく、あっけなく逝ってしまったのだ。元気に一人暮らしをしていて、その直前の日曜日には、いつものように、かぼちゃの煮物を届けてくれた。母は、歩いて数十秒のところに一人暮らしをしていて、週末、下宿から帰ってくる孫のために、彼が好きなおかずを必ず届けてくれていたのだ。なので、私は、母の身体の異変に気づいてあげられなかった。

短い入院期間に、母はほろほろと泣いて、「もう一人では暮らせない。一人は寂しい」と言ったので、「退院するときは一緒の家よ。一緒に暮らそうね。ずっと傍にいるからね」と言って、指切りをした。

なのに、母は、数日後、働く嫁に遠慮するかのように、息を引き取ってしまった。母が傍にいた私を見上げてくれたとき、目に涙が溜まったので、腕に抱くようにして涙をぬぐってあげていたら、その目が何も見なくなってしまった。実の息子である夫には悪いけれど、最期の優しいまなざしをもらったのは私だった。

母の人生の終盤に、十分に傍にいてあげられなかった。寂しい思いをさせてしまった。今思えば、最後に倒れた前の晩、母は具合が悪かったのだ。「ごはんを作る元気がない」と言ったのだった。私は夜の講演があったので、夕飯を届けて、そのままにしてしまった。なぜ、あの晩、私は母のもとに帰って、一緒に寝てあげなかったのだろう。なんとなく具合が悪いときこそ、人は心細いものなのに。タイムマシンがあったなら、あの晩に戻りたい。取り返しがつかないことなのに、この思いは何度も私を泣かせる。

母に支えられて、今の人生がある。実家の母も、黒川の母も。母たちだけじゃない。おばや、大切な女友達。女には、女同士で紡ぐ人生の道があると思う。社会で男たちと共に歩む道があっても、女の人生は、女の支えがないと回っていかない。

いのちをつなぐ女たちの人生には、仕事の成功なんかでは測れない深さがある。仕事で成功すればするほど、いのちと気持ちの傍にいられなかった痛みが私たちを襲う。


この痛い道を、この本を読んでくれている女性たちも、歩むのだろうか。小さな子を抱えて、会社にも頼られている女性たち。子どもを持たずに、人生を社会に還元していく女性たち。老いた母たちをなだめるようにして、飛び回っている女性たち。

その器が大きいほど、ステージはどんどん大きくなる。ステージが変われば、ついて来られない者たちを置き去りにする機会が増える。胸が痛くてしょうがないけれど、それでも前に進まなくてはならない。デキる脳を、世界は放っておいてくれないからだ。

もちろん、その痛みは、働く女性たちだけの専売特許じゃない。家族を支えることに人生をかけた女性たちは、働く女性の何倍も家族に頼られている。頼ってくるすべての者たちに尽くすには、時間がやっぱり足りないに違いない。

女たちの脳は、必死でいのちの傍にいて、常に痛みと共にある。

だから、私は、この世に生きる女性たちすべてが、本当に愛おしくてたまらない。

女性たちが、もっと強く、もっとしなやかに生きていけるように、と祈るように思い続けている。

そのためには、女性脳の側に凛々しさが必要なので、私は厳しいことを言う。産業社会は男性脳型だから、理解してもらえないのは、全部女の側の責任だと思え、と言い切る。恋愛相談のメールにも、「その恋は終わってる。先に行きなさい」と厳しい返事を書くことが多い。この章の内容もきっと厳しかったよね。

でも、わかっておいてほしい。私は、あなたを愛しているよ。女性脳の痛みも輝きも、すべて知っているから。

あなたが傷ついたとき、この世の多くの女性たちが、その痛みを知っていることを、どうか覚えておいてほしい。その痛みは、必ず優しさと輝きに変わる。女性脳は、そうできているのだもの。

女たちの覚悟

1983年3月、私は、奈良女子大学を卒業した。

その卒業式の日に、祝辞として贈られたことばがある。

「その昔、奈良女高師（奈良女子高等師範学校、奈良女子大学の前身）出身の先生は、生徒たちに畏れられました。別に声を荒らげるわけでもない、穏やかでユーモアがわかる先生たちなのに。理由は足袋です。奈良女高師出身の先生は、どんな雨の日にも真っ白な足袋を穿いていた。その凜とした姿が、ことばでは伝えられない多くのことを伝えていたのです。卒業生たちが示してきたこの覚悟を、本日、卒業するあなたたちにも伝えたいと思います」

私の脳裏に、雨の日の暗い昇降口に佇む、凜とした女性教師の姿が浮かんだ。姿勢の良い袴姿のその足元に、にじむように浮かび上がる白い足袋。その姿が伝えるのは、「教師としての覚悟」に他ならない。その静かな「覚悟」は、声を荒らげて教師への礼節を言い募らなくても、声高に権利を主張しなくても、この人を軽んじることはできないという思いを、周囲に自然に生んだのに違いない。

21世紀に働く私たちに、白い足袋はない。しかし、このことばは、これまでの人生で幾度となく私の脳裏をよぎった。そこに立っただけで、役割と覚悟を伝えられる女性になりたい。そう願うように思い、四十年近く、職業婦人として生きてきた。

現場のエンジニアとして走り回っていたころ、私は、顧客の話は必ずメモに取った。女性脳はことばの天才なので、少々の話ならメモなんか要らない。それでも、相手のためにメモを取ったのだ。「聞いてますよ。大丈夫、安心してください」と示すために。メモを取らない後輩の女性社員にはこう諭した。「私がメモを取るのは、お客様の意見を伺う覚悟を示しているの。自分に必要かどうかじゃない」と。

姿勢がいいこと、仕立てのいいジャケットを着ること、美しい日本語を話すこと。これらは、40代の私が決めた「白い足袋」だった。

あなたの白い足袋は、なんだろうか。

おわりに

男女の立場は平等になった。それでも、共感と愛を頼りに生きていく女性脳にとって、産業界を生き抜くのには、相当の覚悟がいる。社会の期待に応え、家族の期待にも応える。その二つをこなすためには、24時間じゃ足りなすぎる。身も心も引き裂かれるようにして、私たちは、人生の荒波を越えてきた。私の妹世代、娘世代の女性たちも、今まさにそうして生きている。昔も今も、女性たちの必死さは微塵も変わらない。

今日も、働く女性たちは痛む心を自分で撫でて、背筋を伸ばしてストッキングを穿くのだろう。

男たちの無理解に苦笑いしながら、保育園に預けた子どもを思って、ランチのサラダをつつくのだろう。

夫を戦友として尊重しながら、他の男子に心ときめくこともあるのだろう。

そのことが、心の痛みになる日もあるに違いない。

覚悟をもって家庭に入った女性たちにも、家族に尽くす濃厚な時間が降り積もっているのだろう。

ああ、そのすべてを、「それでいいのよ、大丈夫」と抱きしめてあげたい。

そうして重ねていった先に、女性脳の艶やかな成熟があるのだもの。

今日も、女たちが、幸せでありますように。

2020年　美しい夏の朝に

黒川伊保子

黒川伊保子

くろかわ・いほこ

1959年、長野県生まれ。奈良女子大学理学部物理学科を卒業。富士通ソーシアルサイエンスラボラトリで人工知能の研究に従事したのち、株式会社感性リサーチを設立。世界初の語感分析法を開発し、多くの商品名やマーケティング戦略を手がける。また、人間の思考や行動をユーモラスに語る筆致によりベストセラーも多く、近著に『妻のトリセツ』『夫のトリセツ』(講談社+α新書)、『人間のトリセツ』(ちくま新書)、『共感障害』(新潮社)、『コミュニケーション・ストレス』(PHP新書)などがある。2015年に刊行した『英雄の書』(ポプラ社)は、脳科学をもとに人生を切り開く方法をわかりやすく説くことで多くの世代から大反響を得ている。

本書は、2016年10月に刊行した『女は覚悟を決めなさい　～人生に立ち向かうための脳化学』をもとに大幅に加筆修正し、新書化したものです。

カバーデザイン　bookwall

ポプラ新書
197
女と男はすれ違う!
共感重視の「女性脳」×評価したがる「男性脳」
2020年9月7日 第1刷発行

著者
黒川伊保子
発行者
千葉 均
編集
碇 耕一
発行所
株式会社 ポプラ社
〒102-8519 東京都千代田区麹町4-2-6
電話 03-5877-8109(営業) 03-5877-8112(編集)
一般書事業局ホームページ www.webasta.jp
ブックデザイン
鈴木成一デザイン室
印刷・製本
図書印刷株式会社

N.D.C.914/198P/18cm ISBN978-4-591-16764-9

P8201197

生きるとは共に未来を語ること　共に希望を語ること

昭和二十二年、ポプラ社は、戦後の荒廃した東京の焼け跡を目のあたりにし、次の世代の日本を創るべき子どもたちが、ポプラ（白楊）の樹のように、まっすぐにすくすくと成長することを願って、児童図書専門出版社として創業いたしました。

創業以来、すでに六十六年の歳月が経ち、何人たりとも予測できない不透明な世界が出現してしまいました。

この未曾有の混迷と閉塞感におおいつくされた日本の現状を鑑みるにつけ、私どもは出版人としていかなる国家像、いかなる日本人像、そしてグローバル化しボーダレス化した世界的状況の裡で、いかなる人類像を創造しなければならないかという、大命題に応えるべく、強靭な志をもち、共に未来を語り共に希望を語りあえる状況を創ることこそ、私どもに課せられた最大の使命だと考えます。

ポプラ社は創業の原点にもどり、人々がすこやかにすくすくと、生きる喜びを感じられる世界を実現させることに希いと祈りをこめて、ここにポプラ新書を創刊するものです。

未来への挑戦！

平成二十五年　九月吉日

株式会社ポプラ社